cahiers libres/essais

Hussein Amin

Le livre du musulman désemparé

pour entrer dans
dans le troisième millénaire

Introduction de Richard Jacquemond

Traduit de l'arabe par Richard Jacquemond

Ouvrage publié avec le concours
de la Mission de recherche et de coopération
(département de traduction et d'interprétation)
de l'ambassade de France en République arabe d'Egypte

ÉDITIONS LA DÉCOUVERTE
1, place Paul-Painlevé
PARIS Ve
1992

L'édition originale de ce livre a été publiée au Caire par les éditions Shorouk en 1983 sous le titre *Dalîl al-muslim al-hazîn ilâ muqtadâ l-sulûk fî l-qarn al-'ishrîn* Les chapitres X et XI de l'édition originale n'ont pas été retenus pour cette traduction.

Laurent Bernhard et Habiba Boumlik ont collaboré à la réalisation de cette traduction.

ISBN 2-7071-2139-8

Introduction

par Richard Jacquemond

Entre une tradition discréditée et une modernité plus souvent subie qu'assumée, peut-on encore, à l'aube du troisième millénaire, être musulman ? Plus que jamais, répond Hussein Amin[1], mais à condition de mener à bien une véritable Réforme, dont ce livre serait en quelque sorte le manifeste.

Dans l'islam comme dans d'autres traditions religieuses, la réforme (*islâh*) signifie retour aux origines, restauration de la foi dans sa pureté originelle : en ce sens, toute réforme religieuse est fondamentaliste, et celle que propose Hussein Amin n'échappe pas à la règle. Ce postulat l'amène à s'appuyer à plusieurs reprises sur la référence de prédilection du fondamentalisme musulman contemporain, à savoir le réformisme hanbalite, avec laquelle il revendique plus d'une affinité. Le

1. Hussein Amin, diplomate de carrière, est le fils d'Ahmed Amin (1886-1954), grande figure intellectuelle égyptienne, de double formation azharienne et moderne, auteur d'une vaste synthèse sur l'histoire de l'islam (*Fajr al-islâm, Duhâ l-islâm et Zuhr al-islâm*) écrite selon les normes de la critique historique moderne. Partisan d'un islam libéral et tolérant, ouvert sur son temps, Ahmed Amin a notamment été doyen de la Faculté des lettres de l'Université du Caire, puis directeur de la section culturelle de la Ligue arabe.

* Professeur agrégé d'arabe, directeur du Département de traduction et d'interprétation, Mission de recherche et de coopération et Service culturel de l'ambassade de France au Caire.

thème central de la réforme musulmane, pour Hussein Amin comme pour un Ibn Taymiyya ou un Ibn al-Qayyim, est en effet la purification de la relation du croyant avec Dieu, qui doit être débarrassée des médiations et des intercessions que les hommes, par un besoin apparemment irrépressible, n'ont de cesse de vouloir rétablir. Hussein Amin note après d'autres que dans ce trait, apport essentiel de l'islam par rapport au judaïsme et au christianisme, tiennent toute sa grandeur et son exigence.

Ce monothéisme strict débouche notamment sur une critique sévère du soufisme (chap. 5) et du culte des saints (chap. 6), critique qui certes reprend l'argumentaire du réformisme hanbalite traditionnel, mais surtout s'appuie sur une méthodologie résolument moderne, où est intégré l'essentiel des acquis de l'islamologie contemporaine (même si, sur tel ou tel point de détail, on pourra contester la présentation qu'en donne l'auteur). Et c'est bien en cela que se situe l'intérêt, et aussi le défi, de la démarche de Hussein Amin : dans cette combinaison entre un postulat de départ d'ordre religieux, et son application, au moyen d'outils intellectuels strictement profanes, à l'ensemble des sources de la pensée musulmane : biographie du Prophète (chap. 2), exégèse coranique (chap. 3), hadith (chap. 4), histoire des sectes musulmanes (chap. 7)...

Apparaît alors, en creux, le « précieux noyau » d'une foi musulmane qui, libérée de la tyrannie de la tradition, permettrait au croyant d'être en prise avec son siècle et d'avoir prise sur lui. En creux seulement, car l'auteur évite de décrire le noyau en question, et l'on peut lui reprocher que si l'on prend bien la mesure de la gangue de mythes, de rites et de préjugés qui étouffent la foi musulmane, les contours du « précieux noyau » censé apparaître à l'issue de ce travail de décapage restent largement indéterminés.

De fait, le *Livre du musulman désemparé* est un manifeste pour une réforme critique, non un catéchisme, et le reproche formulé ci-dessus ne serait que procès d'intention s'il ne nous invitait à aller plus loin : il est clair que le décapage est si résolument moderniste que l'*aggiornamento* qui suivra risque d'être lui aussi radical... L'auteur l'a-t-il pressenti, et est-ce là la raison de sa discrétion ? Le titre du dernier chapitre, le seul où il cesse de « déconstruire », est significatif : c'est une interrogation sur les conditions de possibilité d'une *société* islamique, c'est moi qui souligne, et non d'un État. L'islamisation ne saurait être imposée, par le haut (« l'État islamique ») ou par le bas (« l'islamisation rampante » par le conformisme social) ; la symbolique de l'islam militant (voile, peines coraniques, iconoclasme...) est reléguée, discrètement mais sans équivoque, au magasin des traditions périmées, et l'on chercherait en vain mention d'institutions « islamiques » à créer ou recréer.

L'islam serait-il pour autant pure spiritualité, la foi musulmane se résumerait-elle au dialogue de la conscience avec Dieu ? L'anticléricalisme affiché de l'auteur, son refus obstiné de toute médiation entre le croyant et Dieu, semblent aller dans ce sens, qui n'est pas sans évoquer le protestantisme[2]. Mais par ailleurs, Hussein Amin revendique clairement une foi qui se traduise en actes, « dans le comportement quotidien » du croyant, un islam vécu qui inspire les individus et les sociétés musulmanes, les guide dans la solution de leurs problèmes d'aujourd'hui. La vocation universaliste de l'islam n'est pas abandonnée, mais ramenée à une éthique, un ensemble de normes et de valeurs dont on attend qu'elles « imprègnent » la vie des individus et des sociétés musulmans, en dehors de toute crispation formaliste.

Pourquoi alors, demandera-t-on, s'appuyer sur l'islam ? La réponse de Hussein Amin est double : d'une part, toutes les collectivités humaines ont besoin d'un idéal éthique et spirituel ; ce « besoin de sacré » n'est pas une survivance appelée à disparaître avec la modernisation, c'est un fait général et universel, auquel l'Occident moderne n'échappe pas, quoiqu'il ait pu prétendre. Quant aux sociétés musulmanes en particulier, elles ont d'autant moins de raisons de faire l'impasse sur la religion que celle-ci est une composante essentielle de leur identité culturelle.

La position de Hussein Amin se distingue clairement, on le voit, de celle de son compatriote Fouad Zakariya[3], pour qui il ne saurait y avoir de salut en dehors d'une laïcité pleinement assumée, toute solution « islamique » étant vouée soit à n'être qu'une étiquette, soit à dériver en totalitarisme : position peut-

---

2. Les analogies entre protestantisme et réformisme musulman ont souvent été relevées *Cf.* par exemple les analyses de Bertrand Badie in *Culture et politique*, Economica, Paris, 1986.

3. Fouad Zakariya, *Laïcité ou islamisme, les Arabes à l'heure du choix*, traduit de l'arabe et présenté par Richard Jacquemond, La Découverte, Paris, Al-Fikr, Le Caire et Bouchène, Alger, 1991.

être plus rigoureuse intellectuellement, en tout cas plus satisfaisante pour l'observateur extérieur, mais sociologiquement en porte-à-faux dans un monde arabe qui reste d'autant plus marqué par le traumatisme colonial qu'il en subit aujourd'hui, sous couvert de « nouvel ordre mondial », les formes renouvelées.

Elle s'apparente en revanche à celle de M. Saïd Al-Ashmawy, avocat d'un « fondamentalisme rationaliste et spiritualiste[4] » dont les contours semblent finalement assez proches de ceux de l'islam selon Hussein Amin : l'un et l'autre sont les héritiers d'une tradition musulmane authentiquement libérale et tolérante, qui a connu son âge d'or dans l'Égypte de l'entre-deux-guerres, et que l'émergence récente de courants plus radicaux a conduit nombre d'observateurs, et le grand public à leur suite, à enterrer un peu vite.

Peut-être est-il temps, au seuil du troisième millénaire, d'admettre que le présent et l'avenir des sociétés musulmanes ne se jouent pas dans une hypothétique confrontation entre « tradition » et « modernité », « islam » et « laïcité », « Orient » et « Occident », etc., mais dans des synthèses, syncrétismes, inventions et reconstructions culturelles et idéologiques[5], dont l'essai de Hussein Amin constitue, pour l'Égypte des années 1980, une des expressions les plus achevées.

Le Caire, mars 1992.

---

4. Muhammad Saïd AL-ASHMAWY, *L'Islamisme contre l'islam*, traduit de l'arabe et présenté par Richard Jacquemond, La Découverte, Paris, Al-Fikr, Le Caire, 1990.

5. *Cf.* l'excellente présentation de cette question — à propos d'une autre aire culturelle, mais cela ne change rien au fond — par Jean-François Bayart *in L'État en Afrique*, Fayard, Paris, 1989, spécialement l'introduction : « L'historicité des sociétés africaines ».

1

Guide du musulman désemparé pour entrer dans le troisième millénaire

> Il est bien aisé d'engendrer à un peuple le mépris de ses anciennes observances : jamais homme n'entreprit cela, qui n'en vint à bout ; mais d'y établir un meilleur état en la place de celui qu'on a ruiné, à ceci plusieurs se sont morfondus, de ceux qui l'avaient entrepris.
>
> MONTAIGNE, *Essais*, II, 17, « De la présomption »

1

Aux yeux des musulmans, les victoires remportées par les armées de l'Islam ont toujours été, y compris du vivant de Muhammad, la preuve la plus claire de la véracité de sa prophétie, et ces succès politiques et militaires leur donnaient une confiance illimitée en eux, un sentiment de supériorité sur les adeptes des autres religions. Cette situation devait durer, en gros, un millénaire, durant lequel l'Islam sortit vainqueur de la confrontation qui l'opposait à la chrétienté, la perte de l'Espagne (1492) étant compensée par les conquêtes ultérieures des armées ottomanes qui, en 1683, campaient aux portes de Vienne.

Cette longue avancée a été suivie d'un recul dont les effets se font encore sentir aujourd'hui. Les deux derniers siècles ont été particulièrement cruels pour l'Islam : il a dû faire face à de multiples assauts de la part des Européens chrétiens, qui se sont achevés par la soumission de presque toutes ses terres à la domination coloniale. Ces défaites, venant de leurs adversaires en religion, ne pouvaient que traumatiser les musulmans (« Les Cairotes partis à Boulaq revinrent en ville dans les pleurs et les gémissements, en se frappant le visage et en s'écriant : — Pauvres de nous ! Nous voilà tombés aux mains des Francs ! » — Nicolas Turc). Même si, dans un premier temps, ils restaient impassibles devant les colonisateurs, forts de leur conviction d'être les détenteurs de la religion vraie face à des infidèles devant être traités par le mépris, leur confiance en eux était pour longtemps ébranlée. Jabarti, dans sa chronique de l'occupation de l'Égypte par l'armée napoléonienne, n'a pas de mots assez durs pour ces Français infidèles, buveurs d'alcool, aux femmes dévoilées et impudiques, mais il ne peut plus, à l'instar du chroniqueur arabe des Croisades Usâma ibn Munqidh, les qualifier de « bêtes de somme ». Au contraire, voyant un produit de qualité, il écrit : « En le regardant de près, on ne peut douter qu'il a été fabriqué par les Francs. » Ou ailleurs : « Les mœurs du musulman ne peuvent que se raffiner lorsqu'il découvre l'architecture [des Français], la bonne gestion de leur gouvernement, leur richesse, leur aisance et, malgré leur impiété (*kufr*), la justice avec laquelle ils traitent leurs sujets. »

Mais l'orgueil que les musulmans tirent de la religion fut lui-même bientôt sérieusement rebattu, y compris chez ceux qui étaient restés politiquement indépendants, devant la supériorité des armes et de la civilisation des Occidentaux chrétiens. Tandis que ceux qui restaient attachés à leur religion, incapables de comprendre la défaite militaire dans son sens temporel, s'étonnaient de l'humiliation qu'ils subissaient, quand le Coran dit : « C'est à Dieu que revient la puissance, et à Son Envoyé, et aux croyants* » (LXIII, 8) ; et : « C'était pour nous un dû que de faire prévaloir les croyants » (XXX, 47). Ils eussent été bien inspirés de relire cette lettre adressée par le calife 'Umar ibn al-Khattâb à son lieutenant Sa'd ibn Abî Waqâs, qui se préparait à combattre les armées sassanides :

> Je t'ordonne, à toi et à tes compagnons, d'être plus vigilants vis-à-vis de vous-mêmes que vis-à-vis de l'ennemi, car notre armée a

* Le Coran sera cité dans la traduction de Jacques Berque (Sindbad, 1991) (NdT).

> plus à craindre de ses propres péchés que de l'ennemi. Les musulmans ne sont secourus par Dieu que parce que leurs ennemis Lui désobéissent. Sans cela, nous ne pourrions rien contre eux, car ils nous sont supérieurs en nombre et en équipement. Aussi, si nous sommes aussi pécheurs qu'eux, c'est eux qui l'emporteront, grâce à leur supériorité matérielle. [...] Ne dites pas : « Puisque notre ennemi est plus mauvais que nous, il ne peut avoir le dessus, même si nous agissons mal. » Maint peuple a été dominé par pis que lui, comme l'ont été les fils d'Israël par les Mages infidèles, pour avoir encouru la colère de Dieu : « Jusque dans les maisons ils vous pourchassent... — Et voilà promesse accomplie[1]. »

Il ne suffisait pas, pour que Dieu vînt au secours des musulmans, qu'ils affichent leur foi. Dès lors qu'ils avaient abandonné les fermes résolutions de leurs aïeux, ils ne devaient pas s'étonner d'être abandonnés par Lui. C'est en fait le contraire qui eût été étonnant : qu'Il ne transforme pas leur puissance en faiblesse, leur orgueil en humilité. « Dieu ne modifie pas l'état d'un peuple, qu'ils ne l'aient modifié de leur propre chef » (XIII, 11).

La puissance militaire de l'Occident chrétien, la supériorité de sa civilisation matérielle avaient amené de nombreux musulmans à douter de leur foi. Mais cet Occident qui les agressait était-il encore chrétien ?

2

Jusqu'au XVe siècle, le monde chrétien n'était guère différent des autres grandes cultures, en ce sens qu'il était, comme elles, dominé par le fait religieux. Mais dans les siècles suivants, il a été le théâtre d'une révolution capitale, sans doute l'événement le plus important de son histoire : s'émancipant du cadre chrétien traditionnel, il a inventé un paradigme nouveau, dans lequel ce n'est plus la religion, mais la connaissance scientifique et technique qui est le domaine privilégié de l'activité humaine.

---

1. « A l'intention [des Fils d'Israël] Nous avons statué dans l'Écriture : " Par deux fois, oui, vous allez faire gros dégât sur la terre, vous étant élevés, oui, à trop grande hauteur "

aussi, quand adviendra la prophétie [attachée à] la première des deux, Nous déchaînons sur vous tels de Nos serviteurs à l'assaut furieux. Jusque dans les maisons ils vous pourchassent...

— Et voilà promesse accomplie » (Coran, XVII, 4-5) (NdT).

La civilisation occidentale moderne n'est, au fond, qu'une réaction longue de trois siècles aux maux provoqués par le fanatisme religieux au Moyen Age. Les intellectuels européens, profondément écœurés par les conflits religieux qui avaient ravagé tout le continent, constataient en même temps qu'ils ne pouvaient se contenter de l'explication biblique traditionnelle du monde. Le vide spirituel provoqué par cette perte de confiance dans le christianisme fut comblé par un empirisme visant à soumettre la nature à la domination de l'homme. La connaissance scientifique et technique offrait aux hommes un terrain d'activité profitable, dans lequel ils n'auraient plus matière à se disputer ou s'entre-tuer. Aussi, mieux valait qu'ils détournent leurs énergies intellectuelles des querelles religieuses stériles et les consacrent à accroître, par le biais de leur nouvel intérêt pour les sciences, leur bien-être et leurs richesses, pour réaliser le paradis sur cette terre.

Cette confiance de l'homme en lui-même et en ses capacités est devenue le trait le plus saillant de l'Occident moderne : il en est venu à considérer son propre passé religieux comme les « âges obscurs », et les autres civilisations comme des demi-civilisations. Surtout, depuis qu'il s'est donné ce cadre laïc, l'obstacle qui, jadis, empêchait les autres civilisations de le recevoir, à savoir la religion, a cessé d'exister. C'est ainsi que, depuis le milieu du XXe siècle, le monde entier emprunte à la civilisation matérielle occidentale de manière sans précédent dans l'histoire, au point qu'on parle désormais du « village planétaire ».

Dans un premier temps, les élites dirigeantes des sociétés non européennes ont surtout voulu tirer profit du savoir-faire militaire de l'Occident. Mais elles devaient réaliser bientôt qu'elles ne pouvaient emprunter à l'Europe son système militaire sans accepter tout le reste. Une culture est un tout indivisible. La supériorité militaire occidentale était le fait d'armes supérieures maniées par des troupes dont l'organisation était le fruit de l'hygiène, du paiement régulier des soldes, et plus généralement de tout le système social : la santé des soldats dépend du niveau sanitaire général de la population et de la qualité de la médecine, et le paiement régulier des soldes suppose un budget précis qui, à son tour, implique une économie productive et saine, qui ne peut être réalisée sans développer l'industrie, l'agriculture et le commerce...

Quoique la plupart des pays non occidentaux se soient soumis contraints et forcés aux divers aspects de la civilisation occidentale, leur acculturation était facilitée par le relatif désintérêt des colonisateurs pour la religion — en terre d'Islam au moins, ils cherchèrent rarement à imposer leur religion aux peuples colonisés —, et par le fait que ces peuples crurent le plus souvent à la prétention des Occidentaux en vertu de laquelle leur civilisation, en cela même qu'elle s'était libérée de l'emprise de la religion, représentait *la* civilisation, parfaite et définitive, désormais à l'abri du déclin et de la décadence.

3

Le contact étroit avec l'Occident a profondément marqué le regard des musulmans éclairés sur leurs doctrines et traditions religieuses : ils ont ressenti le besoin urgent de les rapprocher des conditions nouvelles dans lesquelles ils étaient soudain amenés à vivre. Malheureusement, leurs efforts pour concilier la vie et la pensée musulmanes avec les exigences de l'Occident intervenaient au moment où leur confiance dans leur tradition (*turâth*) et dans leur religion même était ébranlée, et où ils regardaient les Occidentaux comme des demi-dieux. Il n'est donc pas étonnant que leurs efforts aient été dominés par un rationalisme purement européen, que leurs idées aient été influencées par les courants intellectuels alors dominants en Europe, et qu'ils aient repris à leur compte des valeurs qui, pour tout ou presque, sont celles mêmes du colonisateur.

Aussi, lorsqu'ils ont entrepris de défendre l'islam contre les calomnies dont les chrétiens l'accablaient, pour favoriser leur emprise sur lui, c'est avant tout pour réfuter l'idée que la doctrine de l'islam soit incompatible avec la civilisation moderne, et démontrer qu'elle est d'une souplesse telle qu'elle peut se plier sans difficulté aux besoins des hommes, en tout temps et en tout lieu. C'est ainsi qu'on a pu dire que le *jihâd* n'était désormais plus nécessaire, et doit être retiré de la liste des obligations religieuses ; prôner la paix, la tolérance, la lutte contre le fanatisme ; promouvoir la renaissance de la science et de la culture, l'intérêt pour les questions d'éducation, de santé publique, du statut de la femme ; voire, chez les plus astucieux, expliquer qu'il suffisait de distinguer entre les traits originels de l'islam, qu'il faut préserver, et ceux ajoutés au cours de l'histoire par le consensus unanime des croyants (*ijmâ'*), qui pouvaient être sacrifiés sur l'autel du progrès.

Dans la seconde moitié du XIXe siècle, ceux que l'on appela, dans tous les pays musulmans, les réformistes — Medhet Pacha en Turquie, Sayyed Ahmed Khan en Inde, Jamâl al-Dîn al-Afghânî en Iran et en Égypte, Khayr al-Dîn al-Tûnisî au Maghreb — tenaient tous en substance ce langage : « Il s'agit, pour les musulmans d'aujourd'hui, de concilier la civilisation occidentale et les principes islamiques. Heureusement, ils n'ont pas à choisir entre leur religion et la civilisation occidentale, puisque cette dernière, ne reposant pas sur la religion mais sur la raison scientifique, est exclusivement matérielle. Rien ne nous empêche donc de lui emprunter ce que bon nous semble, à condition d'acclimater ces emprunts à la spiritualité musulmane. Il n'y a pas, entre l'Islam et l'Occident, d'antagonisme irréductible, seulement une incompréhension mutuelle Renforçons les liens d'amitié entre leurs peuples, de sorte que chacun profite des valeurs de l'autre. Le monde musulman a tout intérêt à emprunter de manière illimitée et inconditionnelle à l'expérience occidentale dans l'agriculture, l'industrie, le commerce, la médecine et les autres sciences, tout en préservant sa spiritualité, de sorte qu'il puisse l'orienter non vers le goût du lucre et de la jouissance matérielle ou la volonté de puissance, mais vers le bien de l'humanité. Rien dans l'islam ne s'y oppose — au contraire, un hadith célèbre invite le croyant à " rechercher la science, fût-ce en Chine " —, si ce n'est l'attachement excessif des musulmans à des traditions étrangères à la religion vraie. »

La prédication réformiste fut appuyée par des colonisateurs qui ne pouvaient que s'en féliciter, d'autant qu'elle émanait de personnalités prestigieuses comme le shaykh Muhammad 'Abduh. Comme on pouvait s'y attendre, elle ouvrit la voie à une occidentalisation effrénée, tandis que l'on en négligeait la seconde proposition, comme si les réformistes ne l'avaient ajoutée que par hypocrisie, pour mieux faire passer la première. Mais il apparut vite que les musulmans, au lieu d'emprunter aux Occidentaux leur sérieux, leur efficacité et leur goût de l'effort, ne faisaient qu'imiter leurs habitudes de consommation et de loisirs et leurs modes vestimentaires. « La terre des Pharaons avance sur la voie de la civilisation, mais de manière détestable : rien n'est plus inquiétant que leur situation présente, à mi-chemin entre la barbarie et son contraire[1]. » — « Les Orientaux, lorsqu'ils ont décidé d'imiter les autres, le font le plus souvent bêtement et maladroitement [...]. Ils ne retiennent de nos mœurs, à notre contact, que les plus funestes[2]. »

4

Mais le sacré, élément essentiel de la vie humaine, ne peut être ignoré ou réprimé indéfiniment. Si l'Occident s'est laïcisé en réaction, comme on l'a dit, aux horreurs des conflits religieux du Moyen Age, il était inévitable qu'il connût, tôt ou tard, un mouvement en sens contraire. Ce mouvement a pris forme discrètement au moment où le reste du monde, abandonnant ses traditions culturelles et religieuses, se tournait résolument vers l'Occident. Les peuples non occidentaux ont alors constaté qu'en important l'Occident temporel ils avaient en même temps importé chez eux sa crise spirituelle. Car les Occidentaux savent maintenant que leur civilisation n'est pas la panacée qu'ils avaient imaginée, qu'elle est, comme les autres, sujette aux crises et aux dépressions, et qu'ils doivent remettre au goût du jour la réflexion éthique qu'ils ont trop longtemps négligée.

Ainsi, l'Occident a involontairement trompé les autres cultures : il leur a vendu un produit qui n'avait pas les qualités qu'il lui prêtait, mais ses acheteurs l'ont cru ! Et ce sont eux qui, les premiers, en font les frais : ils se trouvent maintenant suspendus dans le vide, entre une tradition et une religion dans lesquelles ils ont perdu confiance et qu'ils ont abandonnées, et une civilisation occidentale dont ils s'aperçoivent que les fruits, à peine cueillis, sont déjà gâtés. D'où un sentiment d'amertume vis-à-vis de l'Occident et une schizophrénie individuelle et collective, dont ils ne sont toujours pas remis : comme le corbeau de la fable qui voulut apprendre à marcher comme le paon, mais n'y parvint pas et oublia en chemin sa propre façon de marcher.

---

1. Richard BURTON, *Pilgrimage to Al-Madina and Mekka.*
2. CLOT BEY, *Aperçu général de l'Égypte.*

5

Crise spirituelle de l'Occident, dont les effets se font sentir partout dans le monde. Allégeance verbale à l'islam des dirigeants musulmans qui, dans le même temps, avancent sur la voie de la sécularisation. Jeunesse désorientée, qui a perdu sa religion et méprise sa tradition, sans que rien ne vienne remplir son vide spirituel. Soif immodérée de l'argent pour l'argent, et de consommation sans la moindre envie de produire. Soumission des hommes de religion au pouvoir, qui les utilise et les déconsidère aux yeux des masses. Régimes qui, lorsque leurs armées sont défaites par l'Occident ou ses alliés, inondent le marché de films érotiques importés d'Occident pour divertir le peuple. Femmes qui ne trouvent pas de comportement digne qui équilibre leur frénésie de consommation. Règne sans partage de la loi de la jungle, au point que celui à qui il reste un peu de morale semble naïf ou incapable. Comportements à la maison, en ville ou au travail dont on se demande en quoi ils sont ou non musulmans. Et par-dessus le marché, difficultés écrasantes de la vie quotidienne telles que l'immense majorité n'a ni le temps ni l'énergie d'acquérir de nouvelles connaissances, ou de cultiver ses qualités morales.

Que faire ? se demande le musulman à qui il reste, en dépit de tout cela, un peu de religion. Pour constater aussitôt la difficulté pour lui de vivre sa foi dans la société où il se trouve, et de protéger sa famille et ses enfants face à la montée des périls. Les jeunes musulmans laïcs, armés de leurs diplômes et de leur savoir-faire, renient la société qui les a formés et préfèrent émigrer, tandis que les plus pieux, armés de leur religion et de ses dogmes, choisissent l'émigration intérieure et jettent l'anathème sur leur société. Le croyant se rappelle alors ces hadiths attribués au Prophète : « Un temps viendra où celui qui tient fermement en main sa religion sera comme celui qui tient en main des charbons ardents » ; et : « Au commencement, l'islam était étranger, et il redeviendra étranger. Heureux les étrangers ! »

Heureux les étrangers ! Voilà bien, pour le croyant laïc comme pour le dévot, le slogan du jour !

Dans les sociétés traumatisées par des changements importants et rapides apparaissent souvent des communautés religieuses qui vivent repliées sur elles-mêmes, et limitent au maximum leurs relations avec le monde extérieur. On retrouve ce phénomène dans le judaïsme et dans le christianisme comme dans l'islam, et peut-être ailleurs. Parmi les exemples les plus nets, celui des juifs pharisiens, qui avaient posé des règles extrêmement détaillées et contraignantes pour éviter tout rapport avec les non-Juifs — attitude justifiable dans le contexte du IIe siècle av. J.-C., quand l'hellénisme menaçait d'assimiler le judaïsme, mais qui ne l'était plus au siècle suivant, quand le paganisme était en perte de vitesse dans toutes les villes de l'Empire romain. Beaucoup cherchaient une doctrine forte et cohérente à l'image du judaïsme ; vint alors le christianisme, qui sut développer une morale permettant une coexistence pacifique entre Romains et habitants de la Palestine. De la même façon, le monde chrétien connaît, depuis le milieu du siècle dernier au moins, des sectes comme les Témoins de Jéhovah qui jugent les découvertes scientifiques modernes incompatibles avec leur lecture traditionaliste de la Bible, consacrent l'essentiel de leurs forces à éviter tout contact avec les courants intellectuels et scientifiques dominant leur société, et estiment indispensable, pour protéger leur doctrine, de s'isoler radicalement à l'intérieur de cette société à la culture et au mode de vie impies. Ces groupes acceptent ainsi de vivre en minorités dans des sociétés dont la plupart des membres sont, formellement au moins, leurs coreligionnaires.

Ce phénomène a récemment trouvé une nouvelle illustration en islam avec le groupe égyptien *al-Takfîr wa-l-hijra* (Anathème et émigration). Ce groupe partage avec les Frères musulmans l'exégèse radicale, centrale dans leur doctrine, du verset : « Qui ne juge pas selon ce que Dieu a révélé, voilà les iniques » (V, 45) ; il s'en sépare en ceci que les Frères musulmans, au lieu de se replier sur eux-mêmes, ont toujours cherché à diffuser leur idéologie aussi largement que possible, dans tous les milieux et toutes les classes sociales. Cela ne signifie pas que les groupes du type *Takfîr wa-hijra* ne cherchent pas à élargir le cercle de leurs fidèles. Mais ils se distinguent fondamentalement des partis du type Frères musulmans en cela que ces derniers militent pour faire prévaloir leur vision des choses sur l'ensemble de la société, sans hésiter à entrer dans des débats pour convaincre (ou réduire au silence) les opposants, tandis qu'eux ne comptent, pour se développer, que sur l'adhésion spontanée d'individus sur la base d'affinités personnelles, sociales et idéologiques.

Un trait commun à tous les groupes isolationnistes est le sentiment de supériorité de leurs membres, qu'ils le gardent pour eux ou qu'ils l'expriment en jetant l'anathème sur la société dans laquelle ils vivent, dans une attitude qui évoque l'adage chrétien : « Hors de l'Église, point de salut. » Ils se distinguent aussi par leur interprétation rigide du dogme, tandis que la majorité, face aux évolutions concrètes, prône plutôt la souplesse dans son interprétation et son application. Ce conservatisme a ses avantages, en ceci qu'il garantit un élément de continuité dans les questions religieuses : les conservatismes ont toujours le mérite de protéger ce qui, dans l'ancien, reste valable pour le présent. Mais il faut aussi attirer l'attention sur deux vérités :

1) tous ceux qui rejoignent ces groupes ne le font pas par zèle religieux. Souvent, la religiosité dissimule une impuissance à se défendre, à se faire une place dans la vie, et répond au besoin d'appartenance à un groupe soudé qui donne sens et force à l'individu face à un milieu qui le rejette ou le méprise ;

2) les sociétés connaissent parfois des changements d'une ampleur telle qu'ils ne peuvent être arrêtés par l'effort humain ordinaire. Les hommes sont alors contraints, s'ils veulent préserver leur équilibre psychique et leur élan religieux originel, de faire preuve d'une souplesse qui leur permette de suivre le mouvement qu'ils ne peuvent arrêter.

Y a-t-il donc un chemin que nous puissions inviter le musulman désemparé à suivre ?

6

Le mot désemparé contient peut-être, si l'on veut bien s'y attarder, un début de solution. Être désemparé, c'est se sentir démuni. Le musulman désemparé, c'est celui qui, face à ce qui se passe autour de lui, se sent défait, ou bien, autrement dit, celui qui se sent défait alors qu'il croit sentir en lui l'islam. Il y a là une contradiction dans les termes, car, que je sache, le musulman est un homme pour qui il est établi de manière irréfutable que l'islam est une religion qui convient en tout temps et en tout lieu, qui peut apporter à sa société (et à d'autres) les meilleures solutions aux problèmes auxquels elle fait face, et que celui qui s'y dévoue est assuré de trouver le bonheur, dans ce monde puis dans l'autre. Le musulman est censé voir dans les non-musulmans, si nombreux soient-ils, des gens dignes d'être pris en commisération, des peuples égarés que Dieu n'a pas aidé à discerner les lieux où se cachent le bien et le salut. S'il est désemparé, c'est la preuve que sa confiance en lui est ébranlée, qu'il ne trouve plus dans la religion la clé des problèmes, et dans ses enseignements la paix de l'âme. C'est aussi un signe que ses adversaires peuvent exploiter pour démontrer son impuissance et sa faiblesse, et prouver que l'islam ne suffit plus à le rendre heureux, à l'enrichir.

Saint François d'Assise incitait toujours ses disciples à avoir l'air heureux de leur conviction, à montrer, sur leur visage et dans leur comportement, le bonheur que leur procurait le mode de vie qu'ils avaient choisi. C'était, disait-il, le meilleur moyen de ramener les hommes à la foi : ils se demanderont certainement d'où viennent cette félicité, cette assurance, ce contentement paisible qui les habitent et, lorsqu'ils le sauront, ils s'empresseront de les imiter. Si le musulman est réellement croyant, que n'imite-t-il pas les premiers franciscains !

S'il prétend que cela lui est impossible, car il est devenu comme étranger à sa propre société, qu'il se rappelle ce vers d'al-Mutanabbî : « Où qu'il soit, l'homme noble est toujours un étranger », et qu'il sache qu'il n'est certainement pas le seul à se sentir étranger au milieu des siens. Nos intellectuels n'ont-ils pas le même sentiment, à qui leur société offre de si maigres nourritures spirituelles ? Nos scientifiques, dont les laboratoires manquent cruellement des outils indispensables à la progression de leurs travaux ? Nos artistes, qui ne trouvent autour d'eux qu'incompréhension et négation de tout ce qui pourrait éveiller le sens du beau ? Que le musulman médite à nouveau sur sa religion, peut-être y trouvera-t-il de quoi fortifier, enrichir et apaiser sa foi, vive-t-il au milieu de non musulmans. Est-ce que tout homme pieux, quelle que soit sa foi, n'est pas seul face à l'envahissante culture laïque universelle ?

Mais attention : la méditation sur la religion offre elle-même matière à méditation !

7

Dans quelles conditions méditer sur la religion ?

Nous savons que beaucoup de choses dont on croit qu'elles font partie de l'islam lui ont été incorporées au fil du temps par les conflits entre sectes, la prégnance des mentalités magiques et superstitieuses, les contraintes de cohabitation avec l'autorité politique : interprétations erronées du Coran, exégèses revues pour servir telle ou telle ambition, hadiths forgés pour imposer telle opinion, biographies du Prophète réécrites conformément à l'air du temps, pieux mensonges dont les auteurs croient qu'ils servent la foi... Tout cela a fini par constituer un encombrant héritage « religieux » où se perd le croyant. Attaché à tel ou tel aspect, qui en fait n'a rien à voir avec sa religion, il souffre, ne parvient pas à accepter la nouveauté, condamne inutilement, s'emmure dans une impossible tour d'ivoire.

Le musulman désemparé ne gagnerait-il pas à tenter plutôt de percer la vérité de la religion, l'épurer des scories qui s'y sont accrochées, puis rassembler le précieux noyau ainsi constitué et l'exposer à une société qui, peut-être, s'est justement détournée de l'islam à cause de ces corps étrangers qui le parasitent ? Nous avons besoin d'une biographie du Prophète qui ne dissimule pas certains faits et n'en invente pas d'autres. D'écarter tous les hadiths forgés, même si cela doit être fatal au plus grand nombre. De revenir, contre les lectures mystique, socialiste, capitaliste, scientiste, etc., du Coran, à une solide exégèse exotérique. De réécrire l'histoire islamique en faisant la part, dans les doctrines des différentes sectes et écoles, des mises en forme religieuses de facteurs économiques, politiques et culturels. De développer un regard sur la religion et la tradition en tant que moyen non de fuir dans le passé ou de s'armer d'une foi artificielle, mais d'affronter les problèmes d'aujourd'hui et de demain. D'inculquer à la jeunesse une foi fondée sur les vérités établies, et non sur des mensonges qui suffisent à l'anéantir lorsqu'ils éclatent au grand jour. De nettoyer, enfin, cette foi des superstitions qui ont toujours rendu perplexe toute personne qui accède à un tant soit peu de savoir objectif.

Peut-être sortirons-nous de tout cela avec la force de quelques certitudes, avec la foi de l'homme heureux et fort, et non celle de l'incapable, désemparé et défait, et avec une relation à l'Occident que n'entache aucun complexe d'infériorité, aussi éloignée de la soumission que de la condescendance. Alors, et alors seulement, nous pourrons emprunter à ses modèles tout naturellement, comme nos ancêtres ont emprunté aux cultures qui les entouraient, sans honte et sans quémander, voire sans le sentir ; et nous pourrons refuser ceux de ses modes de vie et de ses valeurs que notre caractère réprouve, sans fanatisme, sans sentiment de supériorité, voire sans en être conscients.

8

Il n'est pas improbable que les États musulmans parviennent à constituer un jour un ensemble uni, puissant et influent sur la scène internationale. Il est, en revanche, illusoire de penser que la force d'un tel « bloc islamique » puisse se mesurer autrement qu'à l'aune de la piété des individus qui le composent, de leur conviction que l'islam répond à leurs besoins de chaque jour. Les formidables changements survenus dans le monde depuis deux siècles invitent les musulmans à multiplier les efforts pratiques et intellectuels pour établir que l'islam peut contribuer à satisfaire leurs besoins de la manière qu'ils jugent conforme aux contraintes de l'époque.

Ils devront admettre que le monde aujourd'hui est devenu un seul monde, que le contact avec les autres religions et les autres cultures y est inévitable. Que les acquis universels de la science doivent être acceptés, puis appréciés à leur juste mesure, afin d'éviter l'isolement ou l'anathème. Qu'enfin l'attachement aux formulations doctrinales anciennes a peut-être moins à voir avec la préservation d'une foi authentique qu'avec une vision morbide des choses. Alors, les peuples musulmans sauront peut-être ajouter au patrimoine spirituel mondial les trésors d'un héritage religieux qu'ils n'ont rejeté que récemment, au moment même où, pour la première fois depuis trois siècles, les Occidentaux, à l'instar des Romains païens découvrant le christianisme, commençaient à emprunter à toutes les religions les vérités susceptibles de les guider sur le droit chemin.

2

La biographie muhammadienne entre Orient et Occident

L'écriture de l'histoire a elle-même une histoire, et cette histoire ne se résume pas aux progrès dans les outils et les méthodes de recherche : les historiens sont aussi influencés par leurs passions, par les modes intellectuelles, par l'air du temps. Et cette histoire singulière qu'est la biographie du Prophète (*sîra*) n'échappe pas à ces contingences, qui suffiraient à minimiser tel ou tel de ses aspects ou à remettre en question sa valeur, n'étaient l'inattention ou la partialité de la plupart, et la certitude de quelques-uns qu'en la matière une certaine dose de subjectivité est inévitable.

Plus les informations disponibles sur une époque, un événement, une personnalité sont abondantes, plus il y a de chances que les récits les concernant et les théories formulées sur leur compte soient empreints de partialité : l'historien ou le biographe peut alors retenir tel fait et écarter tel autre en fonction de ses préférences et de ses opinions. A.H. Carr note justement, dans *Qu'est-ce que l'histoire ?*[1], l'historien qui dispose d'une documentation surabondante est comme le pêcheur qui, ramenant toutes sortes de poissons dans son filet, doit rejeter à la mer tous ceux qui ne sont pas dignes d'intérêt.

1. A.H. CARR. *Qu'est-ce que l'histoire ?*. La Découverte. Paris. 1988.

L'historiographie musulmane classique

On a parfois reproché aux historiens musulmans de s'être contentés de relater les événements sans se soucier de les commenter, de s'être lancés sans *a priori* dans leur travail d'enregistrement. Ce parti pris, et l'extraordinaire degré d'objectivité qu'il devait leur permettre d'atteindre, s'explique par le fait que, pour eux, l'histoire n'était que la manifestation extérieure de la volonté de Dieu. Persuadés que, pour accéder à l'essence cachée de cette volonté, il leur fallait en déchiffrer les manifestations, ils se faisaient un devoir de les enregistrer aussi fidèlement que possible, en essayant d'échapper aux passions et aux partis pris des uns et des autres, comme un détective réunit tous les indices qu'il est en mesure de recueillir, sans savoir à l'avance lesquels lui seront directement utiles.

Certes, la sélection était inévitable — personne ne peut prétendre consigner exhaustivement la totalité des événements historiques —, et l'on ne saurait affirmer que les premiers historiens musulmans n'ont jamais cédé à la tentation de céder à leurs penchants doctrinaux ou aux caprices du prince. Il reste qu'ils se sont astreints à un degré d'objectivité rarement égalé ailleurs, et que c'est à leur piété qu'en revient le mérite premier. Car c'étaient souvent, à l'instar d'al-Tabarî (839-922), d'abord des spécialistes du hadith et de l'exégèse coranique, qui transposaient naturellement dans l'historiographie la méthode, la précision et la réserve avec lesquelles ils abordaient les sciences religieuses. Si, dans d'autres contextes, la piété religieuse a pu conduire des historiens, en toute bonne foi, au mensonge et à la falsification, on peut dire que, pour les historiens musulmans, elle signifiait le respect de la vérité et l'honnêteté intellectuelle, qualités que l'on attribuerait aujourd'hui à l'esprit scientifique.

Les premiers musulmans et la *sîra*

Dans le cas de l'écriture de la biographie du Prophète, néanmoins, la situation fut quelque peu différente : au fil du temps, la *sîra* devait se transformer. Les écrits des premiers biographes — 'Urwa ibn al-Zubayr ibn al-'Awwâm (643-712), Abbân ibn 'Utmân ibn 'Affân (642-723) et Mûsâ ibn 'Aqaba (m. en 758) —, sans doute les plus authentiques et les plus francs, se sont malheureusement perdus. Seules des bribes nous en sont parvenues, à travers des citations dans des ouvrages ultérieurs.

La sincérité et la franchise des premiers biographes ont plusieurs raisons. En premier lieu, les valeurs, les normes, les goûts de l'époque, toute proche de celle du Prophète, n'avaient pas encore sensiblement changé. Les récits, laissés par les Compagnons du Prophète et ses contemporains, des événements de leur temps et des faits et dits du Prophète étaient encore vivants dans l'esprit de la génération suivante. A cela s'ajoutent leur profonde admiration pour la personnalité de Muhammad, et leur désir de recueillir tous ses faits et dits, tout ce qui le concernait de près ou de loin, pour en tirer les fondements du droit (*fiqh*) et de la Loi (*sharî'a*) et pour déterminer la qualification religieuse des moindres actes de la vie quotidienne, toutes choses qui les incitèrent à recueillir tout ce qu'ils entendaient à son sujet, sans faire aucun tri, et sans éprouver la moindre gêne devant tel ou tel fait. Tout ce qui émanait du Prophète était digne de respect et d'étude, et si les mobiles de certains de ses actes paraissaient incompréhensibles, ou contraires aux usages du temps, c'est que l'on était incapable d'en saisir la signification profonde, qui se révélerait un jour aux générations à venir.

Les premiers biographes musulmans n'ont pas, à la différence des chrétiens, succombé à la tentation de sacraliser leur Prophète. Pour eux, ce n'était « qu'un homme comme les autres, sur qui descend la Révélation », comme il l'avait lui même affirmé. Ils avaient, vis-à-vis de sa biographie, la même attitude que les premiers historiens musulmans : ils se faisaient un devoir d'enregistrer telles quelles, ou plutôt telles qu'elles leur apparaissaient, les manifestations extérieures de la volonté divine, pour pouvoir ensuite en déceler la morale ou, à défaut, laisser aux générations suivantes le soin d'en découvrir l'essence.

L'évolution des mœurs et des valeurs et la *sîra*

Au fil des générations, l'évolution des goûts et des valeurs, les contacts avec les peuples conquis et les adeptes d'autres religions écartèrent peu à peu l'écriture de la *sîra* de ce modèle originel arabe. D'ailleurs, les nouveaux biographes étaient souvent des non-Arabes convertis à l'islam (*mawâlî*), influencés par des valeurs et des mentalités différentes de celles de leurs maîtres arabes. Car les Arabes, tout à la gestion des affaires politiques et militaires, laissèrent les *mawâlî* se consacrer librement aux sciences, y compris religieuses, dans lesquelles ils surent vite dépasser leurs maîtres.

L'écriture de la *sîra* commença donc à dévier de son cours initial à la faveur des conquêtes. Cherchant à diffuser l'islam dans les terres conquises, les conquérants engageaient des controverses religieuses avec leurs habitants. Les juifs et les chrétiens défendaient la supériorité de leur religion en mettant en avant les miracles des prophètes de l'Ancien Testament, ou le mépris du Christ pour le royaume de ce monde. Les musulmans leur répliquaient en attribuant à leur Prophète un nombre croissant de miracles, semblables ou non à ceux du Christ et des anciens prophètes, ou en essayant de justifier par des objectifs, politiques ou autres, ses décisions les plus critiquées par leurs détracteurs — ses nombreux mariages, la façon dont il traita les juifs de Médine, comment il fit assassiner certains poètes qui l'avaient raillé...

L'évolution des mentalités devait renforcer ce « besoin d'apologie », besoin que, notons-le, rien ne justifiait. Ce qui est parfaitement admissible à un moment donné peut paraître inadmissible à un autre, et vice versa. Ainsi voit-on les biographies tardives s'efforcer tant bien que mal de justifier l'ordre donné par le Prophète de décapiter les prisonniers mâles de la tribu juive des Banû Qurayza, tandis qu'elles acceptent sans broncher sa décision de faire abattre et brûler les palmiers des Banû l-Nadîr, leurs coreligionnaires, assiégés par les musulmans, comme s'il ne s'agissait que de couper les vivres à l'ennemi. Or, c'est celle-ci, bien plus que celui-là, qui avait choqué certains compagnons de Muhammad : l'abattage des palmiers était considéré avant l'islam comme un acte ignoble, et il fallut la révélation d'un verset du Coran sur cette question (LIX, 5) pour calmer les esprits.

C'est en fait cette évolution des mœurs qui fait dire à Ibn Hishâm (m. en 833), dans l'introduction de son résumé de la *sîra* d'Ibn Ishâq (m. en 767) :

> Pour ma part, si Dieu le veut, j'omettrai certains faits mentionnés par Ibn Ishâq dans son livre [...]: certaines choses dont il est malséant de parler, d'autres qui pourraient blesser certaines personnes, et d'autres enfin qui ne sont pas établies par la relation d'al-Bakkâ'î.

Où l'on commence à oblitérer certains faits et à en inventer d'autres

Pour contrecarrer ou éliminer telle influence, pour fonder ou consolider tel courant, on fit main basse sur la biographie du Prophète, on en gomma certains aspects, on en forgea d'autres. L'appartenance de leurs auteurs à telle ou telle tendance politico-religieuse contribua pour beaucoup à la falsification et à l'invention de divers éléments de la *sîra* — cela est encore plus évident dans le domaine du hadith, on y reviendra (*cf.* chap. IV). Les shî'ites y ajoutèrent des récits sur les exploits de 'Alî, les *mawâlî* iraniens des hadiths et des récits sur son compagnon Salmân, le premier Iranien converti à l'islam. Les panégyristes des 'Abbâsides ne manquèrent pas de glorifier 'Abbâs, oncle du Prophète et ancêtre éponyme de la dynastie, notamment en trichant sur la date de sa conversion à l'islam, et d'exagérer l'hostilité d'Abû Sufyân envers le Prophète pour flétrir les Omayyades.

Pour toutes ces raisons, la qualité des *sîra* tend à décliner rapidement après les premières compilations d'Ibn Ishâq, al-Wâqidî (747-822), Ibn Sa'd (m. en 840 et secrétaire du précédent) et l'*Histoire* de Tabari. De tous ces écrits, les plus fiables sont, à notre avis, ceux de Wâqidî, que ce soit ses *Maghâzî* (« Les campagnes militaires du Prophète ») ou ceux transmis par Ibn Sa'd dans ses *Tabaqât al-kubrâ*. Les *Maghâzî*, étant centrées, comme leur nom l'indique, sur les campagnes militaires, n'abordent que la partie médinoise de la vie du Prophète. Elles sont utilement complétées par la *sîra* d'Ibn Ishâq, ou du moins ce qui nous en reste, à savoir la version abrégée d'Ibn Hishâm.

Les autres sources classiques

Les quatre œuvres ci-dessus sont, avec le Coran, les principales sources de la *sîra*. Les écrits postérieurs n'ont pratiquement de valeur que dans la (faible) mesure où ils reprennent les récits de ceux des premiers historiens dont les œuvres se sont perdues. Cela vaut notamment pour les *'Uyûn al-Athâr* d'Ibn Sayyid al-Nâs (1273-1334), les *Mawâhib laduniyya* d'al-Qastallânî (1448-1517), les *Sîra* de Shams al-Dîn al-Shâmî (m. en 1536) et celle de Nûr al-Dîn al-Halabî (1567-1635), et pour les œuvres d'Ibn Khayyât, Ibn Hazm, Ibn al-Jawzî, Abû l-Fidâ, al-Nuwayrî, al-Dhahabî, Ibn Kathîr, Ibn Khaldûn, al-Maqrîzî, al-Diyâr Bakrî, Ibn al-'Imâd al-Hanbalî et l'*Histoire* d'Ibn al-Athîr.

En revanche, on trouve, épars, des éléments biographiques utiles dans : 1) les ouvrages historiques d'Ibn al-Kalbî (*al-Asnâm*), Samhûdî (*Akhbâr al-Madîna*) Azraqî (*Akhbâr Makka*), Balâdhurî (*Futûh al-buldân* et *Ansâb al-ashrâf*), Ya'qûbî (*Târîkh*) et Mas'ûdî (*Murûj al-dhahab*) ; 2) les biographies des Compagnons du Prophète d'Ibn al-Athîr (*Usd al-Ghâba*) et Ibn Hajar al-'Asqalânî (*al-Isâba*) ; 3) les recueils de hadiths d'Ibn Hanbal, al-Bukhârî et Muslim ; 4) les commentaires coraniques (*tafsîr*) et, en premier, celui de Tabarî; 5) l'encyclopédie zoologique d'al-Damîrî (*Hayât al-Hayawân*), ou les grands livres d'*adab* comme le *Kitâb al-Aghânî* d'Abû l-Faraj al-Isfahânî, l'*Ishtiqâq* d'Ibn Durayd et le *Kâmil* d'al-Mubarrad.

D'une manière générale, les biographies postérieures aux quatre œuvres maîtresses citées plus haut se contentent de les réexploiter en les résumant ou en compilant leurs données, et en mettant l'accent sur les preuves de la prophétie et les qualités du Prophète. On est désormais plus proche d'une *hagiographie* que d'une *biographie* : l'admonition et l'édification l'emportent sur le compte rendu historique. Il s'agit de dépeindre des idéaux à suivre, et non plus de consigner des faits, dont on se défie lorsqu'ils ne peuvent être mis au service d'un objectif moral ou religieux — attitude que d'aucuns, aujourd'hui encore, jugent acceptable et légitime. De la même façon, certains de ces auteurs ne voient aucun mal à inventer, dans la *sîra* comme dans le hadith, dès lors que ces ajouts sont de nature à consolider la foi.

Ainsi, l'image réaliste et vivante d'un prophète mortel, de chair et de sang, s'est estompée au fil du temps dans les esprits, laissant place à des fables inacceptables pour l'intelligence, et des récits de miracles que leur prétendu auteur n'a jamais revendiqués, que ses Compagnons ne lui ont jamais attribués, et que le Coran enfin n'évoque nulle part — lui qui, dans son souci de convaincre les ennemis de la religion nouvelle, ne laisse jamais passer une occasion d'établir la véracité de la prophétie muhammadienne. Malheureusement, ces hagiographies ont toujours trouvé un public bien plus large et plus réceptif que celui de Wâqidî ou d'Ibn Ishâq.

L'écriture de la *sîra* au contact de l'Occident

C'est pourtant l'époque moderne qui a été la plus désastreuse pour la biographie du Prophète. Tout commence avec les premiers contacts avec l'Occident, à la suite de la colonisation de l'Inde, puis du monde arabe. En même temps qu'ils se convainquent, consciemment ou non, de la supériorité culturelle et matérielle des colonisateurs chrétiens, les intellectuels musulmans découvrent leurs idées sur l'islam et son Prophète. Cela les amène à écrire des *sîra* qui prennent le tour dangereux et déplaisant de l'apologie, suscitée par un sentiment de danger et marquée au coin d'un complexe d'infériorité par rapport aux Européens, si véhéments que soient leurs auteurs dans leur réfutation de l'orientalisme.

Pis, leur apologie repose le plus souvent sur des valeurs strictement occidentales, comme si celles-ci étaient indiscutables, comme si l'essentiel était d'établir la conformité de l'islam et de la biographie de son Prophète à ces valeurs : ainsi, on veut prouver comment l'islam a élevé la condition de la femme, dans la famille et dans la société, comment il a atténué l'esclavage, encourageant à bien traiter les esclaves et à les émanciper, l'importance qu'il accorde à la science, à la santé, à l'égalité raciale et à la justice sociale (voyez les variations sur le thème « Muhammad, *imam* du socialisme »). On démontre que la polygamie était une nécessité politique et sociale — tout en faisant remarquer que le Coran fait tout pour la limiter : il l'autorise à condition que le mari polygame traite équitablement ses diverses femmes, mais ajoute « et vous ne serez pas équitables ». On explique que le Coran a prophétisé telle et telle découverte scientifique moderne, ou que le verset sur l'amputation de la main du voleur doit être compris comme un appel au plein emploi ! On pourrait multiplier les exemples à l'infini... non pour en discuter le bien-fondé, mais pour indiquer à quel point nous sommes maintenant tributaires des critères de l'Occident.

Sayyid Ameer Ali (1849-1928) fut, en Inde, l'un des premiers à tomber dans ce piège que les Occidentaux tendaient involontairement à l'islam. Il fut bientôt imité par des centaines de commentateurs du Coran, auteurs de *sîra*, leaders de la Réforme (*islâh*) religieuse, et généralement par tous les partisans de l'adaptation de l'islam à l'esprit du siècle. Je suis convaincu que les biographies du Prophète les plus mauvaises et les plus dangereuses pour l'islam sont celles écrites à notre époque par des musulmans, car ce sont les plus étrangères à la logique religieuse — et souvent aussi à la logique scientifique, même lorsqu'elles prennent leurs distances par rapport aux miracles et aux récits merveilleux. Que l'on compare, par exemple, la relation du raid contre les Banû Qurayza chez Wâqidî et chez les biographes contemporains (au passage, je m'étonne du peu de cas que font ces derniers d'une source aussi fondamentale que les *Maghâzî*) : il suffit à Wâqidî de constater que Dieu a ordonné à Muhammad de combattre cette tribu pour ne pas avoir à justifier ou excuser la mise à mort des prisonniers. Attitude conforme à la logique religieuse, puisque le commandement de faire guerre émanait d'Allah, et que le Prophète qualifia le jugement de mise à mort rendu par Sa'd ibn Mu'âdh de « jugement de Dieu et de son Prophète ». D'un certain point de vue, on peut dire que les considérations des biographes modernes visant à justifier ce jugement sont l'indice d'une foi mal assurée : éprouver le besoin de fournir des justifications à un acte, c'est reconnaître implicitement que cet acte est de nature à ébranler notre foi en son auteur.

Dans les cinquante dernières années, il s'est peut-être publié plus de *sîra*-s que durant les treize siècles et demi qui ont suivi la mort de Muhammad. Parmi les plus célèbres de ces biographies modernes dans le monde arabe, la *Vie de Muhammad* de Muhammad Husayn Haykal (parue en 1935), au dire de son auteur le premier pas sur le chemin d'une prédication islamique progressiste. Même si nous préférons le livre de Haykal à toutes les biographies écrites au cours des dix siècles qui ont suivi la mort d'al-Tabarî, nous sommes navrés de constater qu'il se dresse entre les sources classiques et le lecteur contemporain. Ce dernier tend toujours à préférer un ouvrage récent, écrit par un auteur reconnu, à des livres anciens, à la langue difficile, à l'organisation confuse, où le récit est sans cesse interrompu par les chaînes de transmetteurs. Il ne saurait y avoir pire erreur. Il en résulte une situation comparable à celle du christianisme avant la réforme luthérienne, lorsque l'Église s'interposait entre la masse des fidèles et le Nouveau Testament. Car Haykal, et tous les auteurs contemporains avec lui, traite les premières sources biographiques de la même manière qu'Ibn Hishâm la *Sîra* d'Ibn Ishâq : il en occulte « ce dont il est malséant de parler et ce qui pourrait blesser certaines personnes ». Aussi n'est-il pas étonnant qu'aujourd'hui de nombreux musulmans qui se tiennent pour de fins connaisseurs de la vie du Prophète tombent des nues lorsqu'on leur rapporte tel ou tel récit extrait de la *Sîra* d'Ibn Ishâq, des *Maghâzî* de Wâqidî ou des *Tabaqât* d'Ibn Sa'd.

L'Europe médiévale et la *sîra*

Dans le monde occidental, la biographie du Prophète a connu des fortunes tout aussi diverses. L'image de Muhammad et de l'islam en Occident s'est d'abord construite au travers d'une longue confrontation marquée par les guerres (conquêtes islamiques, puis Croisades), à une époque où la culture européenne était dominée par l'ignorance et la superstition. Face à la menace extérieure, l'Église réagit d'abord en menant contre l'islam et son Prophète une campagne haineuse, délibérément diffamatoire : on ira jusqu'à présenter Muhammad comme un cardinal renégat. L'islam n'est alors, pour les chrétiens, qu'une image déformée du christianisme, une religion païenne fondée uniquement sur le sabre qui, pour s'étendre davantage, permet à ses adeptes d'assouvir leurs appétits sexuels dans ce monde et dans l'autre. Muhammad n'est qu'un faux prophète lubrique et ambitieux, qui n'a inventé l'islam que pour parvenir à ses fins. C'est, par exemple, le point de vue de Dante qui le place au dernier échelon de son *Enfer*, dans un passage que le traducteur arabe a omis par égard pour la sensibilité de ses lecteurs !

Tant que la guerre était leur seule occasion de contact avec le monde musulman, les Européens se sont contentés de cette image de l'islam. Mais à la faveur des Croisades, ils s'installent au Levant, font affaire avec les musulmans de la région, se familiarisent avec leur culture, leurs savoirs scientifiques, apprennent parfois l'arabe. Ces hommes ne peuvent plus se satisfaire des calomnies propagées par l'Église. De retour en Europe, ils parlent autour d'eux, en termes admiratifs, des mérites de tel ou tel aspect de la religion, de la culture et des sciences islamiques, rapportent ce qu'ils ont appris de la vie du Prophète en des termes fort dérangeants pour l'Église. Il faut dès lors, pour raviver l'hostilité à l'islam et à son Prophète, désormais mieux connus, adopter une approche plus « scientifique ».

Le premier à l'avoir compris est Pierre le Vénérable, abbé de Cluny qui, au milieu du XIIe siècle, constitue une équipe de traducteurs qui rédigera la première traduction intégrale du Coran en latin, une biographie du Prophète, et d'autres ouvrages sur l'islam et l'histoire des pays musulmans. Ces écrits ne sont plus les seuls produits de l'imagination ou de la haine. Ils se fondent sur des sources musulmanes, même si leurs auteurs continuent d'éprouver envers elles une violente hostilité, mêlée d'admiration et de peur, et de déformer l'image de l'islam et de son Prophète. Quatre siècles plus tard, ce type d'intérêt pour l'islam sera fortement stimulé par la montée en puissance de l'Empire ottoman.

Cette entreprise de dénigrement de l'islam et de son Prophète était grandement facilitée par la franchise et la sincérité des premiers biographes musulmans, leur foi tranquille en Muhammad. Un être d'exception se raconte aux autres en toutes simplicité et sincérité. Survient un auditeur mal intentionné, qui sélectionne dans son récit tout ce qui peut lui nuire, le grossit hors de proportion et survole ou passe sous silence le reste, puis s'en va en clamant bien haut : « Je n'invente rien, c'est lui-même qui le dit ! » C'est sur ce principe que repose, depuis cette époque, l'écriture de la biographie du Prophète en Occident. Aujourd'hui encore, les meilleurs orientalistes semblent encore prisonniers de ce postulat trivial en vertu duquel tout ce qui, dans les sources musulmanes, est de nature à nuire à Muhammad est à prendre pour argent comptant, tandis que tout ce qui lui est favorable est *a priori* suspect, et doit être passé au peigne fin de la critique historique.

Les tendances actuelles

A la suite de l'explosion rationaliste du XVIIIe siècle, certains des critiques les plus virulents du christianisme (par exemple, Edward Gibbon dans son *Histoire du déclin et de la chute de l'Empire romain*) ont utilisé, non sans malice, l'éloge de l'islam et de Muhammad pour saper les bases du christianisme qu'ils abhorrent et pour dénigrer le Christ. Ce courant a connu son heure de gloire le 8 mai 1840, lors de la fameuse conférence de Thomas Carlyle à Edimbourg sur l'islam et Muhammad. Dans cette conférence, qui a eu une influence décisive sur l'islamologie britannique, Carlyle défendit si bien Muhammad qu'aujourd'hui encore il se trouve des musulmans naïfs qui le citent fièrement (toujours sur la base du principe du « c'est eux-mêmes qui le reconnaissent »). S'ils connaissaient mieux la pensée de Carlyle, et la place marginale qu'y occupe l'islam, ils n'y trouveraient aucun motif d'orgueil. Muhammad n'était pour lui qu'un prétexte facile pour présenter ses opinions sur la vie, la politique et la religion.

A partir de là, le climat intellectuel et religieux en Europe, l'agnosticisme et l'esprit scientifique ont favorisé le développement d'une autre vision de l'islam et du Prophète. Si elle a pour principe déclaré le respect de l'esprit scientifique et l'équité, elle n'en est pas moins à notre avis — comme toutes les étapes successives des études islamiques en Europe — le reflet de visions subjectives ou de modes intellectuelles diverses, au fond du même ordre que l'engouement des impressionnistes pour l'art extrême-oriental, ou des Beatles pour la musique indienne. Les orientalistes du XIXe siècle ont cependant eu le mérite de s'appuyer d'abord sur les grandes sources originales, alors que leurs prédécesseurs se référaient à des sources secondaires d'intérêt mineur, en particulier à l'*Histoire* d'Abû l-Fida (m. en 1322).

Depuis le milieu du XIXe siècle, si l'on fait abstraction des ouvrages qui n'apportent à proprement parler rien de nouveau (Émile Dermenghem, Francesco Gabrieli, Maxime Rodinson), on peut distinguer, dans les études occidentales sur Muhammad, trois courants, en gros successifs (la séquence qu'ils représentent n'est d'ailleurs pas sans signification). Le premier, ouvert par William Muir, trouve son expression la plus pure dans les écrits du religieux belge Henri Lammens. Ce courant, qui porte les traces résiduelles de la rancune et de l'hostilité médiévales, se caractérise par la haine pour le Prophète (modérée chez Muir, féroce chez Lammens), et une sincère inquiétude pour le christianisme devant la propagation de l'islam dans les sociétés païennes. S'il se distingue des écrits précédents par une plus grande scientificité et un recours plus poussé aux sources musulmanes, la volonté de nuire qui, manifestement, préside au choix et à la présentation de la matière limite sérieusement sa valeur.

Le deuxième courant (Lane-Poole, Frants Buhl, Richard Bell, Goldziher, Margoliouth, Tor Andrae, Nöldeke, Wellhausen, Demonbynes, H.A.R. Gibb) a le mérite d'avoir éclairé de nombreuses zones d'ombre de l'histoire de l'islam primitif, permettant une meilleure compréhension de l'histoire antéislamique et islamique. Vis-à-vis de la biographie du Prophète, ces auteurs sont en général aussi objectifs qu'ils le peuvent. Ils voient en Muhammad un leader charismatique, qui a réussi à résoudre un problème extrêmement complexe : réunir dans un État, qui allait devenir un empire, des tribus arabes jusque-là dispersées et en perpétuel conflit, permettant par là même au génie arabe d'apporter sa contribution à l'histoire de l'humanité. Évitant généralement de juger l'islam par rapport au judaïsme et au christianisme (comme le faisait Muir, pour prouver la supériorité des deux derniers), ils décrivent sans partialité aucune les traits les plus saillants de la personnalité du Prophète, comme son équanimité. Cependant, ils ne savent jamais prendre la mesure de l'originalité profonde, d'un double point de vue religieux et éthique, de la personnalité de Muhammad, très différente de celle du Christ ou des prophètes de l'Ancien Testament. Enfin, leurs études sont dominées par une sorte de foi évolutionniste en vertu de laquelle toute chose s'expliquant par ses origines, il suffirait de décrire les sources auxquelles Muhammad a emprunté sa doctrine et les pratiques religieuses dominantes à son époque et juste avant pour comprendre sa biographie.

Tous ces écueils sont soigneusement évités par les chefs de file du troisième courant de l'islamologie occidentale : A.J. Arberry (auteur d'une remarquable traduction anglaise du Coran) et surtout W. Montgomery Watt, considéré aujourd'hui comme le meilleur spécialiste occidental de la vie du Prophète. Watt défend l'islam et son Prophète mieux que les musulmans les plus zélés, et cela, en s'en tenant le plus souvent aux méthodes de la recherche scientifique. Pourtant, il y a dans sa position, selon nous, une contradiction de fond incompréhensible qui fait que, en un certain sens et dans certains cas, nous lui préférons la biographie de Muir, qui a l'avantage d'annoncer clairement la couleur.

Dans la préface à son *Mahomet*, Watt explique pourquoi il tente d'adopter une position neutre entre islam et christianisme :

> En ce qui concerne les questions théologiques, débattues entre la chrétienté et l'Islam, je me suis appliqué à m'en tenir à une position de neutralité. Ainsi, sur le point de savoir si le Qor'ân est, ou non, la parole de Dieu, je me suis retenu d'user des expressions « Dieu dit » ou « Mahomet dit » chaque fois que j'avais lieu

de me reporter au Coran, pour énoncer plus simplement : « le Qor'ân dit ».

[...] Tout en restant fidèle aux données de l'enseignement historique consacré en Occident, je me suis imposé de ne rien déclarer qui puisse être en contradiction de l'une ou l'autre des doctrines fondamentales de l'islam. Point n'est besoin d'abîme infranchissable entre la science de l'Occident et la foi de l'islam. S'il est arrivé que telle des conclusions de savants occidentaux ait été jugée inacceptable par des musulmans, c'est peut-être que les savants n'ont pas toujours été fidèles à leurs propres principes scientifiques, et que, même du plus strict point de vue historique, leur conclusion doit être révisée. D'un autre côté, il n'est probablement pas moins vrai qu'il y a place aussi, sans rien changer à l'essentiel, pour une certaine reformulation de la doctrine de l'islam[1].

Dans *Qu'est-ce que l'islam ?* Watt explique pourquoi, selon lui, le point de vue matérialiste n'est pas nécessaire à la neutralité de l'historien :

Tout en n'étant pas musulman au sens ordinaire du mot — quoique j'espère l'être en tant qu'homme « soumis à Dieu » —, je crois qu'il y a, gravées dans le Coran et dans d'autres expressions de la vision islamique, de larges pans de vérité divine dont nous avons encore, moi-même et d'autres Occidentaux, beaucoup à apprendre. [...] En même temps, nous ne pouvons souscrire pleinement au point de vue musulman selon lequel le Coran est totalement véridique, et est l'étalon de toutes les autres vérités. [...]

Enfin, un mot plus personnel. Certains critiques de mes livres sur Muhammad m'ont accusé de ne pas exprimer clairement mes opinions. Ils entendent sans doute par là que je n'ai pas soutenu tel point de vue clairement conforme au leur, ou tel autre qu'ils auraient pu aisément contester. J'ai peut-être parfois été trop timide, mais un écrivain qui s'adresse à des lecteurs d'horizons divers, qui appréhenderont chacun à sa façon ses concepts fondamentaux, se heurte forcément à ce genre de difficultés[2].

Ce souci de ménager les susceptibilités de ses lecteurs, Watt le justifie ailleurs par le resserrement contemporain des liens entre l'Occident et le monde musulman :

Les contacts croissants, durant ce dernier quart de siècle, entre chrétiens et musulmans, imposent aux scientifiques chrétiens d'éviter de froisser leurs lecteurs musulmans, et de présenter

1. W. Montgomery WATT, *Mahomet*, Payot, Paris, 1989 (éd. orig. Oxford, 1957, 1958), p. 11-12.

2. W. Montgomery WATT, *What is Islam ?*, Longmans, Londres, et Librairie du Liban, Beyrouth, 1968, p. 21.

> autant que possible leurs arguments sous une forme qui leur soit acceptable. La courtoisie, et aussi une perspective irénique exigent de ne plus parler du Coran comme le produit de l'intelligence consciente de Muhammad. Je soutiens que l'érudition bien comprise l'exige aussi[1].

Malgré toute notre admiration pour l'œuvre de W. Montgomery Watt, cette position nous paraît, pour tout dire, incompréhensible et inadmissible. D'abord, pourquoi devrait-il y avoir un rapport entre le développement actuel des liens entre Islam et Occident et la nécessité pour les Occidentaux de porter un jugement équitable sur le prophète de l'islam, voire d'exalter ses mérites, pour comprendre ensuite le sens profond et les leçons d'une telle attitude ? S'il y a, en Europe, un intérêt croissant pour la cause arabe, qui se manifeste par exemple dans la multiplication des manifestations culturelles islamiques, ou dans les tirages relativement importants atteints, pour la première fois, par des auteurs arabes contemporains, on pourra bientôt étudier l'impact de la crise mondiale de l'énergie sur l'écriture de la *sîra* dans les pays consommateurs de pétrole !

Tout cela n'a, au fond, rien de surprenant. Ce qui l'est plus, en revanche, et qui nous navre, c'est de voir les musulmans applaudir, infatués, n'importe quel auteur occidental, y compris des non spécialistes de l'islam comme Gustave Le Bon ou Carlyle, qui défend et loue le Prophète, et inversement récuser tous ceux qui le dénigrent. Il n'y a, dans les louanges de ceux-là, aucun motif d'orgueil, et dans les calomnies de ceux-ci, aucune raison de nous émouvoir. Pourquoi s'enorgueillir d'une louange qui résulte plus souvent de l'athéisme de l'auteur, de son désir de choquer ses compatriotes, de prouver son indépendance d'esprit ou son objectivité, voire de préserver des intérêts matériels ou de se rapprocher des États musulmans ? Pourquoi s'émouvoir d'une calomnie qui, dans le meilleur des cas, est le fruit de l'incapacité des Occidentaux chrétiens à comprendre en profondeur le Prophète dans son contexte culturel ?

L'heure est venue pour les musulmans d'écrire une nouvelle *sîra*. Une biographie sans excuse, sans honte ni apologie. Une

1. W. Montgomery WATT, *Bell's Introduction to the Qur'ân, Completely Revised and Enlarged by W. Montgomery Watt*, Edinburgh University Press, Édimbourg, 1970, p. vii.

biographie qui ne taise ni n'invente rien, ce qui serait contraire à la vérité, mais aussi qui ne se contente pas de rapporter les faits, ce qui serait contraire à l'art. Une biographie qui n'omette pas « ce qui pourrait blesser certains », qui n'impose de tutelle à personne. Une biographie qui fasse revivre dans son intégralité un moment de l'histoire, reconstruise ses normes et ses valeurs, son milieu, ses traditions et ses coutumes, pour replacer clairement dans leur contexte la personnalité et l'œuvre du Prophète. Une biographie qui prenne vis-à-vis de l'histoire, un point de vue authentiquement religieux, rédigée dans un bel arabe par un musulman courageux, sans complexe, fier de sa religion, sûr de sa foi en son Prophète. La biographie qu'écriraient un Wâqidî, un Tabarî, s'ils vivaient aujourd'hui.

3

A propos d'Abû Lahab, le « Judas » du clan hâshimite

> 1 Sèchent les deux mains d'Abû Lahab ! qu'il sèche lui-même !
> 2 De rien ne lui serviront son bien ni son acquis.
> 3 Il brûlera d'un feu d'étincelles
> 4 auquel sa femme apportera du bois
> 5 le col (paré) d'une corde de fibres.
>
> *Coran*, sourate CXI, « La fibre »

Exégèse de la sourate CXI

1. *Une sourate mecquoise ou médinoise ?* — Selon la plupart des exégètes musulmans, il s'agirait d'une des toutes premières sourates mecquoises. Certains expliquent qu'au moment où fut révélé le verset « Donne l'alarme au cercle le plus proche de ton groupement » (XXVI, 214), le Prophète monta sur le rocher de Safâ et réunit son clan autour de lui pour l'avertir que son messager était en proie à un grand tourment. Abû Lahab lui aurait alors dit : « Puisses-tu périr ! Nous as-tu rassemblés pour cela ? », puis se serait levé et serait parti en appelant les siens à l'imiter. C'est à la suite de cet incident qu'aurait été révélée la sourate « La fibre ». S'il en est bien ainsi, pourquoi les verbes des deux premiers versets sont-ils formulés au passé, alors qu'il est évident qu'Abû Lahab était encore en vie et jouissait de son abondante fortune ?

Pour le premier verset, la réponse est aisée. En arabe, le *mâdî* (« passé ») est employé pour affirmer soit un acte dont on est si certain qu'il va avoir lieu qu'il peut être décrit comme ayant déjà eu lieu (*atâ amru llâh...* : « Il arrive, le décret de Dieu... » — XVI, 1), soit un fait avéré dans le passé qui continue de l'être (*kuntum khayra ummatin...* : « Vous aurez été la meilleure Communauté... » — III, 110), soit encore — emploi toujours vivant — dans un sens optatif, dans des souhaits, prières ou malédictions (*rahimahu llâh*: « Dieu aie pitié de lui » ; *Bâraka llâhu fîk*: « Dieu vous bénisse »).

Dans le premier verset de notre sourate (*Tabbat yadâ Abî Lahab*), il s'agit vraisemblablement de ce dernier cas. Dans le deuxième en revanche (*Mâ aghnâ 'anhu wa-mâ kasab*), la réponse est moins évidente. Dans le Coran, la tournure *mâ aghnâ* est toujours employée en référence à un événement passé, comme par exemple dans :

> [...] *De rien ne vous auront servi* votre multitude non plus que votre superbe (VII, 48).

ou dans XV, 84 ; XXVI, 207 ; XXXIX, 50 ; XL, 82 ; XLVI, 26 ; IX, 25. Si l'on avait voulu signifier une action future, on trouverait le verbe à l'inaccompli, comme dans :

> La Géhenne les talonne ; *de rien ne leur serviront* leurs acquis, non plus que cela qu'ils se seront donné comme protecteurs en place de Dieu [...] (XLV, 10).

ou dans III, 116 ; VIII, 19 ; LVIII, 17

Nous tenons donc pour probable que cette sourate n'a été révélée qu'après la nouvelle de la mort d'Abû Lahab, peu après la bataille de Badr (an 2 de l'Hégire / 624) — sept jours après, selon une version rapportée par Ibn Hishâm. La brièveté des versets, qui distingue généralement les sourates mecquoises par rapport aux médinoises, ne peut être invoquée ici. En effet, certaines sourates médinoises sont parmi les plus courtes, comme CX « Le secours », qui précède immédiatement « La fibre ».

L'exégèse qui fait du premier verset une réplique au « Puisses-tu périr ! » lancé par Abû Lahab au Prophète est révélatrice de la tendance des commentateurs à forger des anecdotes convenues pour expliquer les circonstances de la révélation de tel ou tel verset. La preuve la plus nette en ce sens se trouve dans les *Tabaqât al-kubrâ* d'Ibn Sa'd. On y lit qu'à la mort d'Abû Talib, chef du clan de Hâshim et, à ce titre, protecteur de Muhammad, ce dernier, plus que jamais en butte à l'hostilité des Qurayshites, dut se terrer chez lui. Apprenant cela, Abû Lahab, frère d'Abû Tâlib et son successeur à la tête du clan de Hâshim, vint le trouver et l'assurer de sa protection : « Continue d'agir à ta guise, Muhammad. Fais ce que tu faisais du vivant d'Abû Tâlib. Par Allât, moi vivant, personne ne t'inquiètera. » Ibn al-Ghitla ayant insulté le Prophète, Abû Lahab se serait alors dirigé vers lui et l'aurait offensé. Ibn al-Ghitla serait alors parti en criant : « O gens de Quraysh ! Abû Lahab a changé de religion. » Les Qurayshites vinrent alors trouver Abû Lahab. — Je n'ai pas abandonné la religion de mon père, leur dit-il, mais j'empêcherai que l'on cause du tort à mon neveu, pour qu'il puisse continuer d'agir à sa guise. — Bravo ! répondirent-ils. Tu t'es montré bienveillant et miséricordieux. On respecta Abû Lahab, et Muhammad put aller et venir des jours durant sans qu'aucun Qurayshite ne s'oppose à lui.

Si la sourate CXI était descendue dans les premières années de la Révélation, ce récit des *Tabaqât* serait inconcevable : comment imaginer qu'Abû Lahab se pose en protecteur de Muhammad après le décès d'Abû Tâlib (en 619, trois ans seulement avant l'Hégire) et que celui-ci accepte cette protection si cette sourate avait déjà été révélée ? Il est donc fort plausible qu'elle ne l'ait été qu'à Médine, auquel cas le verbe au *mâdî* du premier verset doit être interprété comme exprimant un fait acquis : les biens et l'influence acquis par Abû Lahab ne lui ont pas évité la mort, et ne lui éviteront pas les tourments de l'Enfer.

2. *L'emploi de la* kunya. — Chez les Arabes, désigner quelqu'un par une *kunya*, c'est-à-dire un surnom formé avec le préfixe *Abû*, « père », ou *Umm*, « mère », était une forme d'hommage, comme si la personne en question était trop noble pour être appelée par son simple nom : « La *kunya* est réservée aux plus nobles de la tribu » (Suyûtî, *al-Muzhir*). S'il en est ainsi, pourquoi le Coran désigne-t-il Abû Lahab, un incroyant, par son surnom ? Ce dernier s'appelait en effet 'Abd al-'Uzzâ (« adorateur de 'Uzzâ», une déesse préislamique), et son père 'Abd al-Muttalib le surnomma Abû Lahab (« La Flamme ») en raison de sa beauté radieuse.

La réponse est aisée. On la trouve notamment dans le *Kashshâf* de Zamakhsharî et dans le *Tafsîr* de Qurtubî: « Abû

Lahab devait être plus connu sous son surnom que sous son nom, et puisqu'il avait été voué aux flammes de l'Enfer, son surnom a dû sembler particulièrement approprié. Enfin, 'Uzzâ était une idole, et Dieu, dans le Coran, ne permet pas qu'une idole puisse être adorée. »

3. « *Il brûlera d'un feu d'étincelles.* » — Les exégètes voient dans l'expression coranique « issu d'une Table bien gardée » (LXXXV, 22) une référence à *Umm al-kitâb*, le Livre matriciel dont le Coran et l'ensemble des Livres révélés seraient issus, et dans lequel les destinées de tous les hommes, dans ce monde et dans l'autre, seraient consignées. La sourate « La Corde » figurait-elle dans la « Table » depuis le commencement des temps ? Figurait-elle dans le Livre de Dieu avant qu'Abû Lahab ne vînt au monde, de sorte qu'il n'était de toute façon pas en mesure de se convertir à l'islam, et d'échapper à un enfer auquel il aurait été en quelque sorte prédestiné ?

Laissons de côté cette question — qui nous amènerait à rouvrir l'éternel débat, qui a tant fait couler d'encre en islam : l'homme est-il libre (*mukhayyar*), ou bien guidé par une volonté supérieure (*musayyar*) ? —, et notons que le verbe au futur semble confirmer que la sourate n'a pas été révélée à La Mecque, mais à Médine, après la mort d'Abû Lahab (en 622, peu après la bataille de Badr), autrement dit, après qu'il eut perdu toute chance de se convertir à l'islam, de se repentir, et donc d'échapper à l'Enfer.

4. « *Auquel sa femme apportera du bois.* » — Comme on pouvait s'y attendre, de nombreux commentateurs expliquent que Umm Jamîl, la femme d'Abû Lahab, portait le bois sur son dos parce qu'elle était trop avare pour payer des serviteurs, voire qu'elle portait des épines et des ronces qu'elle abandonnait la nuit sur le trajet du Prophète et de ses compagnons.

Plus probablement, ce verset doit faire allusion au fait qu'Umm Jamîl sera condamnée en Enfer à ramasser le bois qui alimentera son bûcher (et celui de son époux). A l'appui de cette interprétation, le statut grammatical de *hammâla*, qui implique un lien avec le verbe du verset précédent (d'où la traduction : *auquel sa femme apportera du bois*).

De la même manière, le dernier verset signifierait qu'en

Enfer elle portera une solide corde de fibres autour du cou, et non pas, comme l'affirment al-Dahhâk et d'autres, qu'en ce monde elle rassemblait du bois de chauffage en s'attachant une corde au cou, au moyen de laquelle Dieu l'étrangla.

Pourquoi Abû Lahab ?

Nous en arrivons à la question majeure posée par cette sourate : pourquoi Dieu mentionne-t-il nommément Abû Lahab dans Son Livre, à l'exclusion de tout autre polythéiste, allant jusqu'à lui consacrer une sourate ? Pourquoi lui, plutôt qu'Abû Jahl, Umayya ibn Khalaf, ou d'autres Qurayshites ennemis acharnés du Prophète ? Le Coran ne cite nommément que deux contemporains du Prophète : un musulman (Zayd ibn Hâritha), et un incroyant (Abû Lahab). Pourquoi une sourate est-elle consacrée à ce dernier ?

'Abdallah ibn Mas'ûd, Compagnon du Prophète et qui se disait un des meilleurs connaisseurs du Coran, affirmait que le texte coranique tel qu'il fut fixé sur ordre du calife 'Uthmân ibn Affân était tronqué et incomplet, et accusait les auteurs de cette recension (Zayd ibn Thâbit et ses compagnons) d'avoir écarté des versets qui maudissaient le clan ummayyade. Cette accusation est irrecevable. 'Alî ibn Abî Tâlib et bien d'autres Compagnons étaient encore en vie au moment où Zayd a effectué sa recension, et nul d'entre eux n'a, que l'on sache, appuyé l'accusation d'Ibn Mas'ûd ou protesté contre une éventuelle omission de versets.

Abû Lahab était l'oncle du Prophète. Il était resté jusqu'à un moment donné en bons termes avec son neveu, comme l'indique le récit des *Tabaqât* cité plus haut, et le fait que ses fils 'Utba et 'Utayba étaient mariés ou fiancés à des filles du Prophète (respectivement, Ruqayya et Umm Kulthûm). Comment a-t-il pu devenir un des pires ennemis du Prophète ? Deux mots, dans la sourate, indiquent où chercher la réponse : *son bien* et *sa femme*. Je m'explique.

1. *Les marchands de Quraysh.* — Les sociétés tribales arabes, comme toutes les sociétés pastorales, ne pouvaient survivre sans une étroite solidarité entre leurs membres. Chaque individu de la tribu ou du clan devait en toute circonstance prendre le parti de son parent le plus proche, que ce dernier soit ou non dans son droit, et il incombait au chef (*sayyid*) de protéger tous ceux de rang inférieur, et d'aider les pauvres et les démunis.

A La Mecque, l'abandon graduel, par les Quraysh, de l'élevage au profit du commerce entraîna un relâchement des liens de solidarité dans la tribu, où certains chefs de clan avaient accumulé d'imposantes fortunes personnelles. Cet enrichissement était rendu possible par le fait qu'ils faisaient commerce de produits de luxe, peu volumineux et faciles à stocker. A l'inverse, la richesse des bédouins se mesurait à la dimension de leurs troupeaux de chameaux, ce qui limite naturellement l'extension du patrimoine : il faut des hommes pour garder le troupeau et le protéger des raids ennemis, des hommes assez loyaux envers le propriétaire du troupeau pour risquer sa vie pour lui.

Les commerçants de Quraysh avaient tendance à exploiter les membres les plus démunis de la tribu, en particulier les veuves et les orphelins, dont ils accaparaient les biens qu'ils étaient censés gérer pour eux. Cependant, vers 610, lorsque le Prophète commença à délivrer son message, seul un nombre limité de marchands qurayshites avaient accumulé une fortune importante, et le conflit social n'opposait pas les riches aux pauvres, mais quelques très riches individus à une majorité moyennement aisée, rendue inquiète par le relâchement continu des liens de solidarité et le déclin des valeurs tribales traditionnelles.

Sur la base de leurs intérêts commerciaux communs, les plus riches commerçants de Quraysh établirent entre eux de nouvelles alliances, et deux grands groupes aux ambitions contradictoires se formèrent. D'un côté, les Alliés (*ahlâf*), ligue réunissant les riches commerçants qui tendaient à instituer à leur profit une sorte de monopole du commerce caravanier. De l'autre, le clan hâshimite, le moins riche, prit la tête du groupe des Restants (*fudûl*), c'est-à-dire ceux qui ne parvenaient pas à mettre sur pied des caravanes commerciales indépendantes, qui leur auraient assuré les profits dont ils étaient injustement privés. On explique généralement par les persécutions dont souffraient les premiers musulmans la décision du Prophète d'envoyer en Abyssinie un groupe comptant environ la moitié de ses partisans. En fait, le mobile premier de cette émigration a dû être son désir de briser ce monopole, en cherchant des débouchés hors de la sphère d'influence des grands marchands de Quraysh. En ce sens, on note que la quasi-totalité des émigrants d'Abyssinie appartenaient aux groupes fédérés dans l'alliance des Restants, et qu'une partie d'entre eux restèrent en Abyssinie après que Muhammad et les autres musulmans eurent émigré à Médine, ne regagnant le Hedjaz que sept ans plus tard.

2. *Le rôle d'Abû Lahab.* — Vers 616, peu après l'émigration en Abyssinie, les clans qurayshites décident de boycotter le clan de Hâshim et celui d'al-Muttalib, son allié. Tout rapport commercial, toute alliance matrimoniale avec eux sont prohibés. La raison invoquée de cette quarantaine est le refus d'Abû Tâlib de retirer sa protection à son neveu, ou de le convaincre de renoncer à propager la nouvelle religion. Dans la mentalité arabe, même si un clan se déshonorait gravement en renonçant à protéger ses membres sous la menace de représailles de la part des autres clans, il n'était pas difficile pour Abû Tâlib d'inventer un quelconque prétexte pour abandonner son neveu, s'il voulait vraiment éviter le boycott qurayshite. Qu'il ait préféré défier Quraysh près de trois ans montre que le clan de Hâshim avait un réel intérêt à ce litige, et qu'il avait encore une certaine activité commerciale, quoique sur une échelle plus modeste qu'auparavant. Le boycott se relâcha considérablement quand s'en retirèrent certains clans de Quraysh, réalisant qu'il servait surtout à renforcer l'influence des riches commerçants qui l'avaient lancé au-delà des limites acceptables pour eux.

Abû Tâlib meurt en 619, peu après la fin du boycott. Abû Lahab le remplace à la tête du clan hachémite. Pendant une année, semble-t-il (si l'on en croit le passage des *Tabaqât* cité plus haut), Abû Lahab continuera à protéger le Prophète, comme l'avait fait son frère avant lui. Les Alliés se rendent compte alors que leur pression sur le Prophète et sur le clan de Hâshim n'aboutira à rien tant qu'elle ne viendra pas de l'intérieur même du clan. Ils entreprennent donc de retourner en leur faveur Abû Lahab, en lui faisant renoncer à la politique traditionnelle de défense des intérêts économiques du clan pour son profit personnel. Ils lui ont probablement fait miroiter une participation à leurs activités commerciales et à leur monopole, et ils seront aidés dans le succès de leur entreprise par trois facteurs.

D'abord, la bassesse de caractère et la cupidité d'Abû Lahab (*son bien et son acquis*). Ensuite, son mariage à la sœur d'Abû Sufyan (*sa femme [qui] apportera du bois*), un des chefs du puissant clan d'Umayya et un des deux ou trois plus gros commerçants de Quraysh. Le fait que la sourate CXI l'associe étroitement à son mari indique très certainement qu'elle avait une forte influence sur lui, que ce soit par son appartenance à un clan puissant, ou pour d'autres qualités comme sa beauté et sa richesse. Enfin, les Alliés trouveront un prétexte de nature à faire taire la mauvaise conscience d'Abû Lahab et les reproches qu'auraient pu lui adresser les Banû Hâshim : ils le convainquent (ou il se laisse convaincre) que Muhammad a insulté les dieux vénérés par le grand-père 'Abd al-Muttalib et dit qu'il était voué à l'Enfer, et que ces faits sont suffisamment graves pour qu'il retire sa protection à son neveu sans se déshonorer.

Contrairement à une idée fort répandue, les Quraysh n'étaient pas profondément attachés à leurs dieux. S'ils continuaient de les vénérer, c'était surtout par respect de la tradition, comme faute de mieux. Avant l'islam, il n'était pas rare qu'un membre de la tribu affiche son peu d'estime pour ces divinités. Certains d'entre eux, les fameux *hanîf*-s, prêchaient même le monothéisme, sans être persécutés d'aucune manière. Dans le même sens, on sait comment les Quraysh, après la conquête de La Mecque (630), assistèrent sans la moindre émotion à la destruction de leurs idoles. C'est que leur opposition au Prophète était essentiellement fondée sur des appréhensions politiques et économiques : bien que l'objectif de Muhammad ne fût pas de dominer La Mecque, reconnaître en lui l'Envoyé de Dieu ne pouvait que renforcer son autorité. Ses ordres et ses arbitrages, inspirés par Dieu, ne pourraient être contestés, ce qui amènerait inéluctablement une transformation radicale des rapports de forces économiques et politiques à La Mecque.

Quoi qu'il en soit, Abû Lahab ayant renoncé à protéger le Prophète, il devenait extrêmement dangereux pour lui de poursuivre sa prédication à La Mecque. Il chercha peu après la protection d'al-Mut'im ibn 'Adî, chef du clan des Banû Nawfal, mais il est probable que ce dernier exigea de lui qu'il mît certaines limites à sa prédication. Dès auparavant, le Prophète avait sérieusement envisagé de s'établir hors de La Mecque. Il avait d'abord pensé à la ville voisine de Taëf, dont les habitants, les Thaqîf, avaient longtemps rivalisé avec les marchands de Quraysh avant de tomber sous leur influence. En se convertissant à l'islam, ils auraient pu se libérer de leur dépendance financière vis-à-vis de La Mecque. Ils déclinèrent néanmoins l'offre du Prophète, craignant sans doute qu'il ne prenne un trop fort ascendant politique sur eux. Il revint à La Mecque les mains vides, et c'est alors qu'il se tourna vers Yathrib (Médine), dont les habitants, épuisés par le conflit sanglant opposant les clans rivaux de Aws et de Khazraj, avaient besoin d'une autorité politique extérieure capable d'arbitrer leurs différends. Ses négociations furent couronnées de succès. En 622, il y émigra avec quelque soixante-dix musulmans, et le blocus commercial qu'il imposa ensuite aux Quraysh pour les contraindre à se soumettre fut un des facteurs déterminants de sa victoire finale sur La Mecque.

La trahison d'Abû Lahab qui, sous la pression de sa femme, fit passer son intérêt personnel au-dessus des intérêts du clan, suffit donc à expliquer la puissante colère divine contre le couple, perceptible dans la sourate CXI.

Cela dit, Dieu est plus savant.

4

Le rôle des hadiths attribués au Prophète dans l'histoire islamique

Le Prophète mourut, et son décès mit fin à la Révélation divine. Certains, à l'instar du futur calife 'Umar ibn al-Khattâb, avaient cru qu'il demeurerait parmi sa Communauté, présidant à ses destinées jusqu'au bout, pour témoigner en sa faveur au jour du Jugement dernier. Mais lorsque Abû Bakr confirma la nouvelle de sa mort, il leur fallut se rendre à l'évidence : ils avaient perdu leur Prophète et étaient, selon le mot de son épouse 'A'isha, « comme des brebis égarées dans une nuit sans lune ».

Les musulmans étaient d'un coup privés de la Révélation divine et de la présence de Muhammad parmi eux. Dieu leur laissait Son Livre, par lequel Il avait guidé Son Envoyé sur le droit chemin. Le Coran suffisait à organiser la vie religieuse, sociale et politique de la société musulmane naissante. Mais quelques décennies à peine après la mort du Prophète, les Arabes étaient sortis du désert comme le génie de sa bouteille et, en moins d'un siècle, leur empire s'étendait des rives de l'Atlantique au Syr Daria en Asie centrale. Ils gouvernaient désormais des peuples aux mœurs et à la culture très différents des leurs, ils fondaient des villes nouvelles ou venaient habiter des villes déjà peuplées, et dans tous les cas avaient besoin d'un système normatif beaucoup plus complexe et détaillé que celui d'une société aussi élémentaire que celle de La Mecque ou de Médine. Les règles qui organisaient la vie simple des anciens Arabes ne suffisaient plus à combler les besoins de leurs descendants, confrontés à des milieux, des hommes et des mentalités différents, des situations que le Coran n'envisageait pas, si ce n'est, parfois, en des termes très généraux.

La tradition prophétique (sunna), seconde source de la sharî'a

Face à cette expansion géographique formidable et sous la pression de situations historiques en constante mutation, les musulmans et leurs juristes recherchaient un guide sûr. Leur piété les conduisit tout naturellement à se tourner vers celui même à qui le message divin avait été transmis : Muhammad, cet homme au noble cœur élu par Dieu, qu'Il avait protégé de toutes les plaies, cet homme qui n'avait jamais parlé sous l'empire de la passion, et qui, mieux que tout autre, avait compris la volonté du Miséricordieux.

La génération dite des Suivants, c'est-à-dire celle qui suit celle des Compagnons du Prophète, entreprit de rassembler les relations des faits et dits du Prophète connus de son vivant, et décida de faire de cette tradition (*sunna*) la seconde source de sa Loi (*sharî'a*) après le Coran. Muhammad ne prétendait jamais être infaillible — sauf lorsqu'il dictait ou récitait les versets de son Seigneur —, et le Coran lui-même attira son attention sur des fautes qui lui avaient échappé. Néanmoins, les partisans du respect de la *sunna* postulèrent que la Divine Providence avait guidé tous ses actes et orienté toutes les paroles qu'il avait prononcées, depuis le moment où Dieu l'avait envoyé à son peuple et jusqu'à sa mort, et décidèrent que la tradition établie par le Prophète aurait valeur de précédent obligatoire dans toutes les situations pour lesquelles on ne disposait pas de commandement coranique.

Par la suite, on a tenté de mettre les règles dérivées de la *sunna* sur le même plan que celles issues du Coran. On a prétendu que le Prophète les avait adoptées parce que Dieu Tout-Puissant le lui avait ordonné, voire qu'Il les lui avait révélées exactement comme Il lui révélait le Coran. A la fin du IIe siècle de l'Hégire, al-Shaybani jugeait qu'une prescription de la *sunna* peut valablement abroger un commandement coranique. Dans ses *Siyar*, il parle de « l'abrogation du Livre par la *sunna* établie, reçue par les oulémas comme hautement probable ». L'imam al-Shâfi'î, qui fut son élève, ne trouvait rien à redire à cette opinion. Au IIIe siècle, le juge al-Khassâf décide encore que la tradition constante (*sunna mutawâtira*) a la même force juridique que le Coran, et son contemporain Ibn Qutayba défend la même opinion en la fondant sur l'origine divine de la *sunna*.

Le moteur majeur de la compilation des hadiths fut le puissant désir des croyants nés trop tard pour avoir connu le Prophète, de tout savoir sur lui, afin de pouvoir se conformer en tous points à son modèle, mais aussi la crainte d'enfreindre sans le vouloir des commandements religieux ou de susciter des innovations incompatibles avec la Volonté de Dieu. Un hadith rapporté par al-Nisâ'î devint célèbre : « Il n'y a rien de pire que le nouveau. Toute nouveauté est une innovation blâmable, toute innovation blâmable est égarement, et tout égarement mène à l'Enfer. » Chaque fois qu'un juriste (*faqîh*, pl. *fuqahâ'*) émettait une opinion sur un point de droit, on lui demandait : « La tiens-tu de l'Envoyé de Dieu, ou bien est-ce le résultat de ta réflexion personnelle ? » Les *fuqahâ'* comprirent que le seul moyen de faire accepter leurs opinions à la majorité était de les rattacher à une tradition constante ou de les fonder sur un hadith.

On se mit ainsi à fonder toutes les opinions jugées justes ou simplement désirables sur des hadiths qu'on faisait remonter au Prophète : exactement comme d'autres avaient, jadis, inclus le Deutéronome dans la Torah, puis l'avaient attribué à Moïse pour lui donner davantage d'autorité. Après l'extinction de la génération des Compagnons, les seuls à pouvoir récuser tel hadith ou tel autre, cette méthode fut d'application relativement aisée, et ceux qui mettaient dans la bouche du Prophète des mots qu'il n'avait assurément pas dits le faisaient en toute bonne conscience, persuadés de défendre leur religion contre les tendances profanes du pouvoir omayyade.

Conflits de doctrine et inventions des hadiths

La plupart des pieux opposants au régime omayyade souhaitaient que la direction du nouvel État musulman revienne aux « gens de la famille » (*ahl al-bayt*), c'est-à-dire les descendants du Prophète, seuls à même de sauver la communauté de l'engluement dans le temporel. Ils ne s'encombrèrent d'aucun scrupule pour forger une multitude de hadiths attribués au Prophète et mettant en avant tel ou tel membre de sa famille

(« Celui dont j'étais le maître, 'Alî est son maître. Ô Dieu ! Défends ses amis, et combats ses ennemis » ; « Quiconque cause du tort à mon oncle [al-'Abbâs] me cause du tort ») ou flétrissant le clan omayyade (« Si vous voyez Mu'âwiya prêcher du haut de ma chaire, tuez-le » ; « Une femme qui envisageait de se marier avec Mu'âwiya vint consulter le Prophète, qui lui dit : — C'est un brigand » ; «'Abd al-Rahmân ibn 'Awf rapporte que lorsque, comme le voulait la coutume, on présenta Marwân ibn al-Hakam peu après sa naissance au Prophète, celui-ci, en le voyant, s'exclama : — C'est le faible, fils du faible, le maudit, fils du maudit ! »).

Face à ces hadiths forgés et diffusés par leurs ennemis, les califes omayyades comprirent vite qu'il était inutile de crier au faux et à la calomnie, et que la meilleure riposte consistait à user des mêmes armes. Avec leurs partisans, ils forgèrent des hadiths à leur avantage (« Un jour viendra où Mu'âwiya sera fait roi » ; « L'Envoyé de Dieu priait pour Mu'âwiya en ces termes : — Ô Dieu ! Établis-le dans le pays »). Comme il leur était difficile de placer dans la bouche du Prophète des paroles hostiles à 'Alî et sa descendance, ils forgèrent contre son père Abû Tâlib des hadiths selon lesquels au Jugement dernier une place lui serait assignée en Enfer (à quoi les partisans de 'Alî rétorquèrent en inventant le récit de la conversion de son père Abû Tâlib sur son lit de mort).

Lorsqu'ils voulaient défendre une politique, imposer une opinion, les califes omayyades cherchaient d'abord un hadith authentique susceptible de l'étayer. A défaut, ils l'inventaient. Il se trouvait toujours un juriste, parmi les plus dévots attachés à leur service, prêt à les aider. Ainsi, lorsque 'Abdallâh ibn al-Zubayr s'empara de La Mecque et défia l'autorité du calife 'Abd al-Malik ibn Marwân, ce dernier décida de dissuader les croyants d'effectuer le pèlerinage de La Mecque, de crainte que son ennemi ne contraigne les pèlerins à lui prêter allégeance. Il chargea al-Zuhrî, juriste d'une dévotion et d'une piété exemplaires, de « découvrir » un hadith attribuant au pèlerinage à Jérusalem la même valeur que celui de La Mecque. A ceux qui voulaient néanmoins partir à La Mecque, 'Abd al-Malik répondait : — Ibn Shihâb al-Zuhrî ne vous a-t-il pas rapporté ce hadith de l'Envoyé de Dieu : « Ne te rends en pèlerinage qu'à trois mosquées : la sainte mosquée [à La Mecque], la mienne [à Médine] et celle de Jérusalem. » On comprend mieux ainsi ce jugement porté par le Suivant

Makhûl sur Zuhrî : « Quel homme il aurait fait, s'il n'avait été gâté par la fréquentation des rois. »

Le nom du Prophète servait de caution à des mensonges, que l'on combattait par des mensonges plus gros encore. Chaque secte, chaque doctrine eut bientôt à sa disposition un nombre imposant de hadiths disqualifiant les sectes et doctrines concurrentes. La fin justifiant les moyens, tout expédient était bon, y compris l'invention et la diffamation, pourvu qu'il serve une noble cause : consolider la foi, rétablir dans leur droit ceux qui en étaient lésés, écarter de la direction de la Communauté ceux qui n'en étaient pas dignes, éradiquer les germes de la discorde... Les adversaires des Omayyades estimaient que leur combat devait avoir une dimension religieuse. Les Omayyades réagirent en produisant des hadiths politiques incitant les musulmans à respecter leurs chefs (« Celui qui obéit à un prince m'obéit, et celui qui lui désobéit me désobéit ») et faisant de cette obéissance un devoir religieux, auquel ne se dérobent que les infidèles et les renégats. On alla jusqu'à dire que, même si le prince est corrompu et injuste, ses sujets doivent laisser à Dieu le soin de le déchoir, si telle est Sa Volonté : il se peut que le Tout-Puissant juge son maintien préférable pour une raison qui leur échappe. D'où ces hadiths qui exhortent à la patience ceux qui ne sont pas satisfaits de leurs gouvernants, élèvent la soumission à la volonté du prince, qu'il soit pieux ou débauché, au rang de devoir (« mieux vaut un prince injuste qu'une guerre fratricide », d'où cet autre hadith forgé : « Ne haïssez pas la guerre civile, c'est l'occasion de se débarrasser des hypocrites ! »), recommandent le silence, par lequel les sujets vaincraient le prince, ou affirment que l'opposition du cœur suffit. En réponse à ceux qui proclamaient que l'imamat, c'est-à-dire la direction politique et spirituelle de la Communauté, devait être réservé à la famille du Prophète, on produisit un hadith selon lequel seul l'imam auquel les musulmans ont fait allégeance avait droit au pouvoir, et l'on fit circuler cet autre : « S'il avait dû y avoir un prophète après moi, c'eût été 'Umar ibn al-Khattâb. »

Les Omayyades non seulement forgaient des hadiths, mais aussi poursuivaient de leur vindicte quiconque propageait des hadiths à la gloire de leurs adversaires ou injurieux pour leurs ancêtres. Leurs successeurs, les 'Abbâsides, dès leur prise du pouvoir, punirent quiconque diffusait des hadiths évoquant Mu'âwiya ou les Omayyades en termes positifs. Par la suite, quand leur conflit avec les Shî'ites devint patent, ils s'en prirent à tous ceux qui continuaient d'affirmer que la lignée de 'Alî ibn Abî Tâlib était sacrée, qu'il lui revenait le droit de recueillir l'héritage du Prophète et de lui succéder, et que le Prophète, avant de mourir, avait désigné 'Alî pour lui succéder. Les sunnites, pour leur part, firent circuler le hadith « Nous n'avons rien à transmettre ; notre legs est une aumône » (*Lâ nûrath, mâ taraknâ sadaqa*) pour prouver que personne ne pouvait prétendre hériter de Muhammad, que ce fût ses biens ou sa charge. Les Alides, gênés par ce hadith, essayèrent d'en imposer une version légèrement tronquée : *Lâ yûrath mâ taraknâ sadaqa*, « ce que nous avons laissé en aumône n'est pas transmissible ». Les sunnites imposèrent alors une nouvelle mouture, qui levait toute ambiguïté (*Lâ nûrath, mâ taraknâ fahuwa sadaqa*).

Aux sources du mal

La tendance à recourir au hadith pour salir une réputation ou conforter une opinion est apparue très tôt, dès le règne du troisième calife 'Uthmân ibn 'Affân, au moment où il a commencé à être contesté. D'après les sources, 'Uthmân aurait interdit la transmission de tout hadith qui n'aurait pas été connu sous le règne de ses deux prédécesseurs. Cela signifie probablement que ses adversaires colportaient des hadiths dénigrant tel ou tel de ses parents du clan de Umayya, pour le contraindre à se soumettre ou se démettre. On accusa aussi 'Uthmân d'avoir supprimé de la recension du Coran qu'il fit faire cinq cents mots qui figuraient dans d'autres recensions comme celle du Compagnon 'Abdallâh ibn Mas'ûd, dont ceux-ci par exemple : « En vérité, 'Alî est la voie droite. » On prétendit qu'il avait substitué le mot *fulân* (« Un tel ») au nom de 'Umar dans : « Malheur à moi d'avoir élu " Un tel " pour intime » (XXV, 28), et qu'il avait escamoté une sourate courte, analogue à « La fibre », qui maudissait son parent Abû Sufyân.

En fait, certains indices portent à croire que, dès avant 'Uthmân, on avait placé dans la bouche de Muhammad des propos qu'il n'a jamais tenus, même si l'invention était alors moins dangereuse. Il est remarquable que les trois premiers califes Abû Bakr, 'Umar et 'Uthmân n'aient rapporté que très peu de hadiths, alors que, de par leur proximité vis-à-vis de

Muhammad, ils comptaient parmi les Compagnons les mieux placés pour ce faire, les plus dignes de confiance. Ils se taisaient par piété, craignant que leur mémoire ne les trahisse et qu'ils se trompent par excès ou par défaut (« Nous autres Arabes, nous avançons et reculons, nous exagérons ou diminuons sans vouloir mentir », disait Hudhayfa ibn al-Yamân). On dit que 'Abdallâh ibn Mas'ûd craignait toujours de changer le texte des paroles du Prophète et ne rapportait jamais de hadith sans ajouter : « Le hadith est soit approchant, soit légèrement différent dans un sens ou dans l'autre. » 'Amr ibn Maymûn rapporte : « J'ai fréquenté 'Abdallâh ibn Mas'ûd toute une année sans jamais l'entendre dire " l'Envoyé de Dieu a dit " lorsqu'il rapportait des hadiths. Une fois seulement, cette phrase lui a échappé. Aussitôt, il s'est troublé au point que j'ai vu la sueur perler sur son front. » Tel autre Compagnon, lorsqu'on lui demandait des hadiths, refusait de les rapporter : « J'ai peur, disait-il, que si je vous en donne un, vous n'alliez en transmettre cent sur mon autorité. » A ceux qui lui demandaient pourquoi il avait rapporté moins de paroles du Prophète que tel ou tel autre Compagnon, 'Abdallâh ibn al-Zubayr (dont on ne tient, d'après les sources, que 33 hadiths) répondait : « J'ai suivi le Prophète dès mon plus jeune âge, et après m'être converti je suis resté proche de lui. J'ai retenu ses paroles, mais je l'ai entendu dire : " Que celui qui ment sur mon compte à dessein prenne place en Enfer." »

Tous les Compagnons n'étaient pas de cette veine. Abû Hurayra, qui n'a accompagné le Prophète que dans les trois dernières années de sa vie, apparaît dans les recensions comme transmetteur de plus de 3 500 hadiths (5 374 selon Ibn al-Jawzî), qui occupent environ 300 pages du *Musnad* d'Ibn Hanbal. Une telle loquacité suscitait les doutes de ses auditeurs, d'autant que, selon al-Bukhârî (*Sahîh*, chapitre sur les « Vertus des Compagnons »), il avait une réputation de « beau parleur ». Il répondit un jour à ses détracteurs en ces termes : « Abû Hurayra abuse, dites-vous. Aucun autre Compagnon, ni chez les *Muhâjirûn*, ni chez les *Ansâr*, ne rapporte autant de hadiths. Je vous répondrai ceci : mes frères les *Muhâjirûn* étaient occupés à faire du commerce, mes frères les *Ansâr* à cultiver leurs terres, tandis que moi, homme sans attaches matérielles, je passais beaucoup de temps en compagnie de l'Envoyé de Dieu. J'étais présent quand ils étaient absents, et je retenais quand ils oubliaient. » Ailleurs, il explique ainsi son exceptionnelle mémoire : « Le Prophète nous a dit un jour : “ Celui qui étend son habit jusqu'à ce que j'aie fini de parler puis le ramène à lui n'oubliera jamais rien de ce que j'ai dit.” J'ai fait comme il a dit, et, par Dieu, je jure que je n'ai pas oublié une seule de ses paroles. » Ce qui n'empêche pas ‘Abdallâh ibn ‘Umar, Compagnon des plus respectés, de le surnommer « le pieux menteur ». Bukhârî cite un hadith dans lequel le Prophète ordonne de tuer tous les chiens, « sauf les chiens de chasse ». Comme on disait à ‘Abdallâh ibn ‘Umar qu'Abû Hurayra le rapportait en ajoutant « et ceux des champs », il commenta : « Eh bien, on dirait qu'Abû Hurayra a acheté des terres ! »

Le laxisme dans l'*isnâd* des hadiths sur les vertus et les œuvres du Prophète

Les croyants les plus pieux attestaient volontiers l'authenticité de hadiths qui exhortent aux vertus ou invitent à se détourner du mal : « Le musulman est celui dont la langue ni la main ne blessent les musulmans » ; « Vous ne vous gagnerez pas les hommes par vos richesses, mais par vos vertus » ; « Heureux celui qui s'occupe de ses défauts et se détourne de ceux des autres » ; « L'ignorant ne doit pas taire son ignorance, ni le savant sa science » ; « Gardez-vous de la plante qui pousse dans le fumier ! dit le Prophète. — Quelle est cette plante, Envoyé de Dieu ? lui demanda-t-on. — La belle femme dans un mauvais terreau. »

Le critère de l'authentification de ces hadiths n'était pas la justesse de leur attribution à Muhammad, mais la conformité de leur contenu aux préceptes de l'islam. Devant les hadiths susceptibles de servir la religion, de consolider les vertus et la foi, on adoptait une attitude laxiste. On forgea même un hadith disant « Ce qui a été dit de beau, je l'ai dit » (rapporté dans les *Sunan* d'Ibn Mâjja), et un autre où le Prophète conseille de comparer au Coran les hadiths qu'on lui attribue, et d'admettre comme authentique tout ce qui est conforme au Livre de Dieu, « que je l'aie vraiment dit ou pas » : il y a là une application de l'idée talmudique selon laquelle « tout ce que diront à l'avenir les disciples des Sages, Dieu l'a déjà révélé à Moïse sur le mont Sinaï». La fin justifiait les moyens : qu'importe le mensonge, s'il conduit au bien ! « Nos pieux ancêtres ne mentent jamais autant que dans le hadith », disait Abû 'Asim al-Nabîl (m. en 616 de l'Hégire), qui fait autorité dans l'étude du hadith ; et Wakî', parlant de Ziyâd ibn 'Abdallâh, disait : « Dans le hadith, il mentait sur son honneur. »

Si telle était l'attitude de l'élite des croyants, il n'est pas surprenant que les autres aient ajouté foi, sans plus d'enquête, à presque tout ce qu'on leur présentait comme la parole de l'Envoyé de Dieu. Dès lors que le contenu du hadith était de bon aloi d'un point de vue moral, ou servait une doctrine en laquelle il se reconnaissait, le croyant ordinaire ne se préoccupait guère de la solidité de la chaîne de ses transmetteurs.

On trouve, chez Abû Hayyân al-Tawhîdî, ce récit insolite, qui illustre à merveille cette attitude. Rendant visite à un ami, il le trouve penché sur un recueil de maximes du philosophe persan Bozorgemihr, en train d'inscrire en regard de chaque maxime le nom d'un des premiers califes, d'un Compagnon ou d'un sage arabe. Abû Hayyân lui demande ce qu'il fait. « Je rends à chacun la maxime qui lui appartient », répond le philosophe.

Inversement, certains ne s'embarrassaient pas de scrupules pour attribuer au Prophète des adages connus dès avant l'islam, ou des mots attribués aux prophètes de l'Ancien testament. Ainsi, « Aide ton frère, qu'il soit dans son droit ou pas » est un ancien adage arabe, et « Le bien est attaché à la crinière du cheval » se trouve déjà dans un vers du poète antéislamique Imru l-Qays. De la sorte, de multiples maximes, proverbes, etc., qui, pour une raison ou pour une autre, avaient l'heur de plaire aux lettrés étaient réexploités sous forme de hadiths, et contribuaient ainsi à remodeler la pensée islamique. 'Abdallâh ibn Luhay' (m. 184 de l'Hégire) raconte qu'un vieux traditionniste (*muhaddith*, spécialiste des traditions prophétiques) lui conseilla un jour de se méfier des hadiths car, lui dit-il, « on mettait sous forme de hadith à peu près tout ce qui nous plaisait »

Tout hadith se compose de deux éléments : l'*isnâd*, qui est la chaîne de transmetteurs, littéralement le « point d'appui », garant de l'authenticité du contenu (*matn*). Souvent, l'*isnâd* n'était là que pour la forme. N'importe quel faussaire pouvait inventer un hadith et le faire précéder d'un *isnâd* inattaquable, démarrant de lui-même et remontant jusqu'au Prophète. Certains ne prenaient même pas cette peine, voire ne fournissaient aucun *isnâd*. Sommé de donner l'*isnâd* d'un hadith qu'il venait de rapporter, le Suivant al-A'mash accrocha une bague au mur et s'exclama : « Voilà sur quoi il s'appuie ! » Ibn al-Sammâk, dans la même situation, s'en tirait par cette pirouette : « C'est un hadith connu pour avoir une chaîne incomplète ! » Ces faussaires étaient bien moins inquiétés que l'homme de bien qui s'interrogeait publiquement sur l'authenticité de tel ou tel hadith, au risque d'encourir l'anathème de ses coreligionnaires. « Personne n'est plus digne de pitié que le savant qui doit accepter l'autorité d'un ignorant », disait-on jadis.

Certes, il n'y a pas lieu de lever, chez la plupart, la présomption de bonne foi. D'ailleurs, au hadith : « Que celui qui ment sur mon compte à dessein prenne place en Enfer » (peut-être forgé par un musulman exaspéré par la pléthore de hadiths !), on ajouta, après « à dessein », l'expression « pour égarer les gens », et on fit valoir que la locution *'alayya* (« sur mon compte ») devait être prise dans le sens restrictif de « contre moi », afin d'autoriser le mensonge proféré pour la bonne cause !

Ces croyants ne se troublaient pas le moins du monde lorsqu'on les confondait, et reconnaissaient volontiers mentir ou broder. On connaît ces hadiths selon lesquels certaines sourates valent plus que d'autres, du type : « Le verset " Dis : Lui, Dieu est Un ! " [CXII, 1] vaut un tiers du Coran » ; ou bien : « Celui qui récite mille versets du Coran dans une nuit sera crédité par Dieu d'un quintal d'œuvres pies » (« deux quintaux » dans une autre version !). On demanda à un prédicateur qui citait un hadith de ce genre d'où il le tenait. « Les croyants, répondit-il, se passionnent pour la jurisprudence d'Abû Hanîfa et les récits de batailles d'Ibn Ishâq, et se détournent du Coran. C'est pour les y ramener que j'ai forgé ce hadith. »

Les juristes eux aussi ont souvent négligé l'*isnâd* des hadiths relatifs à l'éthique ou aux relations sociales, comme le montre l'expression, fréquente sous leur plume : « C'est un hadith faible, mais qui doit être pris en considération. » Seuls les hadiths relatifs au licite et à l'illicite (*al-halâl wa-l-harâm*) étaient traités avec plus de rigueur. Ahmad ibn Hanbal lui-même reconnaît dans son *Musnad :* « Quant aux hadiths relatifs au licite et à l'illicite, aux traditions et aux commandements [ayant force de loi], nous avons été exigeants sur la solidité de l'*isnâd ;* pour ceux relatifs aux vertus et aux œuvres, nous avons été plus tolérants vis-à-vis de leur *isnâd.*»

Les hadiths prophétiques

Bientôt, une nouvelle étape fut franchie : on se mit à attribuer à Muhammad des propos prophétiques sur l'avenir de la communauté islamique, et notamment sur les révolutions et les guerres civiles qui allaient survenir en son sein. On fit prédire au Prophète la révolution 'abbâside dans un hadith évoquant des « bannières noires venues du Khorâsân, que rien n'arrêtera avant Jérusalem ». Un récit circulait selon lequel Muhammad avait informé Hudhayfa ibn al-Yamân des secrets de l'Invisible ; il n'en fallut pas plus pour que le nom d'Hudhayfa fût bientôt cité dans les *isnâd*-s de la plupart des hadiths prophétiques. 'Alî ibn Sulaymân rapporte comment, tandis qu'il citait un hadith qui met en garde les oulémas contre la fréquentation des sultans, un auditeur l'interrompit pour lui demander : « Comment le Prophète a-t-il pu dire pareille chose, alors qu'à son époque il n'y avait pas de sultans ? » Ibn Sulayman commente ainsi ce soupçon impie : « Le malheureux ignorait-il que le Prophète pouvait prédire tout ce qui adviendra jusqu'au jour du Jugement dernier ? », montrant par là que lui-même ignorait le verset :

> Dis : « Je ne vous dis pas disposer des réserves de Dieu, non plus que connaître le Mystère... » (VI, 50).

Les disciples des diverses écoles de *fiqh* répandaient des hadiths de même nature pour défendre ou soutenir leur école et louer les mérites de son fondateur. Les Hanéfites forgèrent le hadith : « Il y aura dans ma nation un homme du nom de Abû Hanîfa, et il sera son flambeau », qu'ils firent remonter au Prophète, sur l'autorité d'Abû Hurayra. Les Mâlikites y répondirent : « Les meilleurs jurisconsultes sont ceux de Médine » (Mâlik était originaire de Médine et Abû Hanîfa d'Irak).

Pour faire bonne mesure, dans les villes et les pays conquis, on forgeait des hadiths à la gloire de telle ou telle région ou peuple : ainsi, pour l'Égypte, des hadiths « Vous conquerrez l'Égypte ; quand ce jour viendra, soyez bon envers son peuple, et bien intentionnés à l'égard de ses Coptes, car vous épouserez leurs filles et vous serez leurs protecteurs » — « Si, après moi, Dieu vous accorde de conquérir l'Égypte, prenez-y de nombreux soldats : ce sont les meilleurs qui soient » — « Dieu vous exhorte à bien traiter les Coptes d'Égypte. Vous les vaincrez, et ils vous aideront ensuite à défendre Sa cause. » Tel hadith prédit la conquête de Bassorah, qui donnera les meilleurs lecteurs du Coran, les meilleurs oulémas, et dont ses habitants craindront Dieu et seront les meilleurs croyants. Un autre annonce la fondation future de Fès, dont les habitants seront les meilleurs orants, suivront toujours le droit chemin, et seront protégés du Mal par Dieu. Même une petite ville comme Cherchell, en Algérie, peut aujourd'hui encore citer plus d'un hadith vantant ses mérites !

La course aux pigeons

Les califes 'abbâsides n'avaient pas un style de vie très différent de celui de leurs prédécesseurs omayyades, mais ils cherchaient davantage à revivifier la *sunna*, se rapprocher des jurisconsultes, bref à donner à leur État une légitimité religieuse, afin de mieux s'assurer de la loyauté de leurs sujets. On pourrait écrire des livres entiers sur les hadiths forgés sous leur règne pour accéder à leurs requêtes les plus diverses. Ainsi, le calife al-Mahdî était grand amateur de courses de pigeons, en principe interdites par les sunnites. Il réussit à convaincre un traditionniste du nom de Ghiyâth d'attribuer au Prophète un hadith disant : « Pas de courses, excepté celles d'animaux à sabots et à ailes. » Al-Mahdî le combla de bienfaits et put s'adonner librement à son loisir favori.

Les juristes discutaient avec les califes de la peine applicable à celui qui boit de l'alcool dans des séances où l'alcool et les chansons coulaient sans retenue. A voir le mal qu'ils se sont donné pour inventer des hadiths qui concilient la *sharî'a* et le comportement des califes 'abbâsides, on se dit que leur relatif éloignement du pouvoir à l'époque omayyade fut plus profitable à l'islam que la faveur en laquelle les tenaient les 'Abbâsides.

Les hadiths des conteurs

L'invention des hadiths n'a pas répondu seulement à des mobiles religieux, politiques et matériels. Plus fort peut-être était le besoin de divertissement et d'évasion des croyants, auquel surent bientôt répondre les conteurs (*qâss*, pl. *qussâs*). A la mosquée et dans la rue, ils parlaient du Prophète et le mettaient en scène dans des histoires où ils flattaient leur audience populaire, notamment en y insérant tout un florilège de hadiths propres à faire rêver les croyants, tels que : « A celui qui jeûnera les mois de Ragab, Sha'bân et Ramadan, Dieu édifiera au paradis un immense palais, dont la cour intérieure seule aura mille parasanges de longueur. » (« Il s'y gèlera en hiver, le pauvre ! » aurait dit le poète Bashshâr ibn Burd en entendant ce hadith !) Dans un autre récit, le poète Kulthûm ibn 'Umar al-'Utâbî, fort connu sous Hârûn al-Rashîd et al-Amîn, monte en chaire et rapporte ce hadith : « Celui qui peut toucher le bout de son nez avec sa langue n'ira pas en Enfer. » Et l'auditoire de tirer la langue en chœur en essayant de lui faire toucher le bout du nez !

Les conteurs avaient une prédilection particulière pour les histoires des prophètes de l'Ancien Testament (*qisas al-anbiyâ'*). Comme il y allait de leur réputation, ils avaient réponse à tout, y compris aux questions les plus insensées. Qu'on leur demande le nom de l'âne dont la mâchoire avait servi d'arme à Samson, et ils le donnaient sans se démonter ! Le conteur Abû Ka'b disait un jour que le loup qui a mangé Joseph s'appelait X. Un auditeur l'interrompit : Joseph n'avait nullement été mangé par un chacal. « Tu dis vrai, admit Abû Ka'b. Eh bien, ce doit être le nom du loup qui n'a pas mangé Joseph ! »

Ils assortissaient leurs hadiths de chaînes de transmetteurs tout aussi imaginaires, mais en apparence solides comme du roc. On raconte ainsi qu'Ahmad ibn Hanbal et son maître Yahyâ ibn Ma'în entendirent un jour dans une mosquée un prédicateur affirmer : « Sur l'autorité d'Ahmad ibn Hanbal et Yahyâ ibn Ma'în, qui le tenaient de 'Abd al-Razzâq, qui le tenait de Mu'ammar, qui le tenait de Qitâda, qui le tenait d'Anas ibn Mâlik, qui citait l'Envoyé de Dieu, que la prière et la paix soient sur lui : — A quiconque aura dit " Il n'y a pas d'autre divinité qu'Allah ", Dieu fera, au jour du Jugement dernier, un oiseau au bec d'or et aux ailes de saphir de chaque mot qu'il aura prononcé. » Ibn Hanbal, interloqué, se tourne alors vers son maître et le prie d'aller demander au prédicateur de qui il tient ce hadith. « D'Ahmad ibn Hanbal et Yahyâ ibn Ma'în, répond-il. — Je suis Yahyâ ibn Ma'în, dit Yahyâ, et là-bas, c'est Ahmad ibn Hanbal. Jamais nous n'avons rien dit de tel. — Et alors ? dit le prédicateur avec aplomb. Vous croyez être les seuls à vous appeler Ahmad ibn Hanbal et Yahyâ ibn Ma'în ?

Dans ma vie, outre vous deux, j'ai rencontré dix-sept autres Ahmad Ibn Hanbal et Yahyâ ibn Ma'în ! »

Le public de ces conteurs était incomparablement plus nombreux que celui des juristes, et les tenait en bien plus haute estime que les plus grands oulémas. Selon une anecdote, la mère d'Abû Hanîfa, ayant consulté son fils sur un problème religieux, ne fut pas convaincue par sa réponse ; elle se rendit alors chez un conteur du nom de Zur'a, lui exposa l'opinion de son fils et lui demanda la sienne. Ce n'est que lorsque Zur'a eut confirmé l'opinion de son fils qu'elle s'y rangea.

Dans les récits simples et directs des conteurs, le peuple trouvait un divertissement que les juristes, avec leur langage sec et compliqué, ne pouvaient leur offrir. Les oulémas acceptaient ou toléraient les conteurs, parce qu'ils estimaient que les hadiths qu'ils inventaient étaient de nature à consolider la foi des masses. Les conteurs, de leur côté, ne tenaient pas les oulémas en grande estime, et les tournaient volontiers en ridicule dans les mosquées, pour la plus grande joie de leurs auditoires. Al-Sha'bî (m. en 103 H.), juriste et traditionniste réputé, tomba un jour sur une assemblée réunie autour d'un shaykh à la longue barbe, en train d'écrire des hadiths sous sa dictée. L'un d'eux, pourvu d'une longue chaîne de transmetteurs, disait en substance qu'au jour du Jugement dernier le Prophète soufflerait dans deux trompes : les hommes s'écrouleraient au son de la première, transformés en cadavres rigides, avant de ressusciter au son de la seconde. Comme Sha'bî le critiquait, le shaykh le tança : « Comment oses-tu désavouer un hadith à l'*isnâd* authentique, rapporté de la bouche même de l'Envoyé de Dieu ? » Là-dessus, il ôta ses sandales, invita ses élèves à l'imiter, et le malheureux Sha'bî fut roué de coups jusqu'à ce qu'il eût accepté de jurer que Dieu tenait prêtes trente trompes pour le jour du Jugement dernier !

Tabarî lui-même se trouva un jour dans une situation similaire. Entendant un conteur dire que Dieu, au jour du Jugement dernier, réserverait une place à côté de Lui à Son Envoyé, il intervint en récitant ce vers :

> Gloire à Celui qui n'a ni compagnon
> Ni personne qui siège avec Lui sur Son trône.

Il n'en fallut pas plus pour déclencher l'ire de l'auditoire, qui se dirigea chez lui et lapida sa maison.

D'ordinaire, ces conteurs n'avaient pas d'orientations politiques, idéologiques ou partisanes. Leur but était d'instruire, admonester et distraire leur public et, surtout, de gagner de l'argent : ils avaient coutume de faire la collecte à la fin de leurs séances. Ils auraient même mis au point, au ve/xie siècle, une sorte d'équivalent musulman des indulgences. Il n'était pas rare qu'un conteur s'installe au bout d'une rue pour réciter des hadiths sur les vertus de 'Alî, tandis qu'à l'autre bout de la rue son collègue récitait des hadiths sur celles d'Abû Bakr. Puis chacun faisait la quête auprès de son public, et lorsque tout le monde s'était dispersé, ils se partageaient leurs bénéfices à égalité !

Les patriarches

Une autre catégorie de charlatans apparut plus tard : les « patriarches » (*mu'ammar*). Ces personnages se disaient Compagnons du Prophète, tenant directement les hadiths de sa bouche, et n'ayant donc pas besoin d'*isnâd*. A la fin du iiie/ixe siècle apparut un certain 'Uthmân ibn al-Khattâb, surnommé Abû l-Dunyâ, qui se disait ami de 'Alî ibn Abî Tâlib et rapportait de nombreux hadiths qu'il lui attribuait. Au milieu du siècle suivant, un certain Ja'far al-Rûmî expliquait ainsi sa longévité exceptionnelle : il était avec le Prophète lors du raid de Taboûk. Muhammad, à un moment donné, avait laissé échapper sa cravache. Ja'far était alors descendu de sa chamelle pour la ramasser et la lui rendre, et le Prophète, en le remerciant, lui avait souhaité longue vie !

C'est en Inde et en Asie centrale surtout que les « patriarches » se sont multipliés. Un Indien du nom de Sarbatak prétendait avoir été prince à l'époque où le Prophète avait dépêché des émissaires en Inde pour y exhorter les nobles Indiens à se convertir à l'islam. Il s'était alors rendu au Hijaz et y avait rencontré à deux reprises le Prophète, à La Mecque puis à Médine. Il serait mort en 333 de l'Hégire, à l'âge de 894 ans ! Un autre Indien, Ratan ibn 'Abdallâh (m. en 632 de l'Hégire) disait avoir eu, à l'âge de seize ans, une vision lui annonçant la naissance du prophète de l'islam à La Mecque, où il se rendit aussitôt (remarquez l'analogie avec le récit des Rois mages). Sur la route de La Mecque à Jeddah, disait-il, il avait porté dans ses bras Muhammad qui, en récompense, avait prolongé sa vie. Ratan forgea près de trois cents hadiths (de tendance shî'ite) qu'il prétendait tenir du Prophète, et des quatre coins du monde islamique les oulémas venaient en Inde pour l'écouter.

Les libertins

Il n'était pas surprenant qu'au milieu de cette confusion des poètes et lettrés libertins comme Abû Nuwâs, Ishâq al-Mawsilî ou Muhammad ibn Munâdhir tournent le hadith en dérision, par exemple en utilisant ses formes narratives pour introduire leurs récits, à la manière de ce vers qui précède une anecdote paillarde dans le conte d'Aladin et la lampe merveilleuse :

> Notre shaykh Abû Bilâl nous a rapporté, sur l'autorité
> d'un de ses maîtres, qui le tenait d'un polythéiste...

Ainsi, Abû Nuwâs, se plaignant d'un amant qui n'a pas tenu parole :

> Le transmetteur al-Azraq m'a rapporté, sur l'autorité de
> 'Amr ibn Shamar, qui le tenait d'Ibn Mas'ûd :
> « Seul manque à sa promesse celui qui la renie,
> et l'infidèle, voué aux chaînes de la Géhenne. »

Ou la plaisanterie fameuse d'Ash'ab le Cupide à qui l'on conseillait un jour d'oublier les histoires drôles et de rapporter plutôt le hadith : « Par Dieu, dit-il, je viens justement d'en apprendre un. — Dis-le-nous. — Sur l'autorité de Nâfi', qui tenait le hadith d'Ibn 'Umar, l'Envoyé de Dieu a dit : " Celui chez qui sont réunies deux qualités ira au paradis." — Voilà un beau hadith. Mais quelles sont ces qualités ? — Nâfi' en a oublié une, et moi l'autre ! »

Une telle irrévérence ne faisait que tourner en dérision les fables invraisemblables dont regorgeaient les hadiths forgés, ou les multiples questions triviales auxquelles ils prétendaient répondre : ce qu'il faut dire à quelqu'un qui éternue, que Dieu n'aime pas le bâillement, quel pied il faut chausser en premier lorsque l'on met ses sandales... L'ironie visait aussi la crédulité des masses, toujours prêtes à ajouter foi à tout ce qu'on attribuait au Prophète, et les juristes qui, pour certains d'entre eux au moins, faisaient de l'acceptation du hadith par la Communauté des croyants le critère de son authenticité.

Les fondements du hadith

Le hadith était ainsi devenu un magma informe où se côtoyaient le vrai et le faux, l'authentique et la fable. Pour certains, c'était une marchandise grâce à laquelle on pouvait s'enrichir aux dépens du peuple, se gagner les faveurs du prince, et se situer au-dessus de tous.

La situation était à ce point chaotique qu'une réaction était inévitable. De pieux croyants, d'éminents oulémas, furent saisis d'un effroi salutaire : l'inflation des hadiths faisait courir à l'islam de graves dangers ; il risquait fort de connaître le sort des religions qui l'ont précédé : que les croyants, absorbés par les livres des théologiens, ne se détournent des Écritures saintes. Certains n'hésitèrent pas à inventer des hadiths prohibant l'invention de hadiths ! D'autres, plus sérieux — Bukhârî et Muslim notamment — entreprirent de réformer la science du hadith en imposant des critères sévères à la sélection des hadiths authentiques. Bukhârî rapporte ainsi comment il décida d'entreprendre la recension des hadiths authentiques : il s'était vu en songe chassant des mouches autour du Prophète, et on lui avait dit que ces mouches symbolisaient les mensonges qui ont été mis dans la bouche du Prophète.

Pour ces oulémas, le premier critère de l'authenticité du hadith était à rechercher dans la chaîne des transmetteurs : qui avait transmis et rapporté le hadith ? Ces hommes étaient-ils connus pour leur piété et leur intégrité ? S'ils s'avéraient pieux et intègres, si l'on ne pouvait retenir contre eux aucun mensonge prêté à dessein au Prophète, par manque de religion ou par passion partisane, ils étaient reconnus comme « autorités ». Si, enfin, on pouvait établir que le dernier transmetteur mentionné dans l'*isnâd* était contemporain du traditionniste qui rapporte le hadith, il était tenu pour authentique. Bukhârî, après avoir recensé environ 600 000 hadiths, jugea que 2 762 seulement méritaient d'être qualifiés d'authentiques (son *Sahîh* compte 7 393 hadiths, mais un même hadith est généralement cité dans plus d'un chapitre), soit moins d'un sur deux cents !

La sélection de Bukhârî et des autres spécialistes du hadith ne reposait donc pas sur la teneur du hadith, mais sur la critique de l'*isnâd*, érigé en pilier du hadith. S'il était défaillant, le hadith tombait. S'il était valide, le hadith devait être accepté, quelle que fût sa teneur. On ne cherchait pas à connaître les mobiles des inventeurs et des transmetteurs de hadiths forgés, pas plus qu'on ne prenait en compte l'histoire : du fait de cet intérêt exclusif pour l'*isnâd*, on n'a pas tenu compte des doutes qu'inspirait à certains l'authenticité de hadiths à l'*isnâd* solide, mais dont le *matn* contenait une légende, ou contredisait la logique ou un fait historique établi. Par exemple, on ne s'est pas demandé comment le Prophète avait pu prédire la venue d'Abû Hanîfa.

Plus tard, un Ibn Khaldûn a suggéré que la vraisemblance du *matn* soit prise en compte pour trier le vrai hadith du faux, un Ibn 'Abd al-Barr et un Nawawî ont refusé d'accorder le label d'authenticité aux hadiths qu'ils jugèrent irrationnels. Il reste que, pour la plupart des compilateurs, l'unique principe de tri était l'*isnâd*. Dans ces conditions, il leur arrivait de se trouver face à deux hadiths à l'*isnâd* tout aussi solide, mais contradictoires dans leur teneur. Il fallait bien, alors, se pencher sur le *matn :* on essayait alors d'en donner une interprétation de compromis, et si cela se révélait impossible, on appliquait au hadith la théorie coranique de l'abrogeant et de l'abrogé (*al-nâsikh wa-l-mansûkh*), c'est-à-dire que le hadith postérieur était réputé abroger le hadith antérieur.

On peut critiquer l'attitude de ces compilateurs, et faire remarquer qu'il était facile pour les faussaires d'inventer des chaînes de transmetteurs « en or ». On doit néanmoins reconnaître qu'elle était empreinte d'une grande piété, et qu'elle avait sa cohérence : dans leur optique, le sens commun pouvait parfois être inapte à comprendre tout ce que le Prophète avait voulu dire, et il eût été présomptueux d'écarter un hadith au motif qu'il dépassait notre entendement.

Y a-t-il un Livre autre que le Livre de Dieu ?

Il est indéniable que les hadiths et les prescriptions de la Sunna ont joué de tout temps un rôle majeur dans la vie des musulmans, au point de concurrencer presque les commandements coraniques. Aujourd'hui encore, beaucoup de conflits entre groupes opposés, beaucoup d'attitudes de rejet vis-à-vis de tel ou tel aspect de la vie moderne sont fondés sur le hadith, authentique ou contrefait. C'est pourquoi il ne saurait y avoir, pour le réformateur religieux qui entend refonder l'islam sur ses bases originelles, de mission plus sacrée que de s'appliquer à expurger le hadith de tous les mensonges qui l'ont altéré, de toutes les visées impures qui s'y sont glissées.

Mais il ne s'agit pas de censurer purement et simplement le hadith forgé. L'invention du hadith est liée au développement historique des sociétés musulmanes, et leur étude est indispensable pour mieux comprendre ce développement, dans la mesure où ils sont le miroir des conflits politico-religieux qui l'ont marqué. En revanche, il ne peut être question d'y recourir dans l'étude de la pensée du Prophète et de la religion musulmane, et l'on ne saurait tolérer qu'ils marquent de leur empreinte nos convictions et nos modes de vie.

Reste à savoir comment reconnaître le vrai du faux.

On peut aisément établir le caractère fallacieux des hadiths forgés par les diverses factions politiques, shî'ites et khârijites, Omayyades et 'Abbâsides. Cela inclut les hadiths qui revendiquent pour 'Alî le droit au califat, ceux qui maudissent Mu'âwiya, glorifient 'Abbâs, ou prophétisent l'accession des Omayyades au pouvoir. On écartera avec la même facilité : les hadiths qui prédisent des événements effectivement survenus ; les hadiths sur les vertus de telle ville ou tel pays ; les hadiths des conteurs ; et généralement, tout hadith incompatible avec la logique ou le bon sens, par exemple : « Sur l'autorité de Yazîd ibn Hârûn, qui le tenait de Hishâm ibn 'Abdallâh, qui le tenait d'Anas ibn Mâlik, l'Envoyé de Dieu a dit : — Quand vous mangez, mangez de la main droite, car Satan mange et boit de la main gauche. »

Il reste deux types de hadith dont il est difficile de dire s'il faut ou non les attribuer à Muhammad : en premier lieu, ceux qu'Ibn Hanbal appelle les « hadiths des vertus et des œuvres ». Comme lui, nous pensons qu'il n'y a pas de mal à les déclarer recevables sans être trop regardants. En revanche, la même bienveillance vis-à-vis des hadiths sur le licite et l'illicite et les préceptes légaux comporte des risques. Ici, quelques précisions s'imposent.

Aux IIe/VIIIe et IIIe/IXe siècles, les juristes, qui avaient entrepris de poser les fondements de la *sharî'a*, constatèrent que les hadiths rassemblés par les générations précédentes ne pourraient y suffire. Ce qui posa un problème de fond : la Communauté musulmane devait-elle s'en tenir à la Sunna des premières générations, ou bien était-elle autorisée à poser des règles nouvelles adaptées aux besoins de chaque génération ? La position la plus courageuse et la plus sûre était celle d'Abû Hanîfa et de ceux que l'on appela les « partisans de l'opinion individuelle » (*ashâb al-ra'y*) : si l'on ne veut pas forger des hadiths pour combler les vides de la *sharî'a*, il faut inévitablement recourir aux élaborations doctrinales des oulémas et des juristes, fondées sur le raisonnement par analogie (*qiyâs*) et l'effort individuel de réflexion (*ijtihâd*), et guidées par l'esprit général de l'islam. C'était là, à notre avis, la seule voie praticable.

Plus funeste pour l'islam que la prolifération des hadiths forgés fut la réaction suscitée par cette attitude d'Abû Hanifa chez ses opposants, les « partisans du hadith » (*ahl al-hadîth*), si violente que même les disciples les plus proches d'Abû Hanîfa (Abû Yûsuf et Shaybânî) durent s'écarter de l'orientation qu'il avait tracée. Les *ahl al-hadîth*, plus nombreux et plus influents, avaient décidé que toutes les prescriptions de la Loi religieuse devaient être fondées sur le Coran ou la Sunna, et rejetaient le *ra'y* et l'*ijtihâd*. Et puisque alors, comme on l'a dit, les hadiths disponibles ne suffisaient pas à répondre au besoin de normes, il fallut en inventer. L'offre crut proportionnellement à la demande : plus les croyants et les oulémas exigeaient que les prescriptions soient étayées par le hadith, plus on en forgeait, et l'on préférait toujours un hadith à l'*isnâd* douteux à une opinion bien argumentée.

Par la suite, des doctrines sont apparues qui tenaient pour innovation blâmable (*bid'a*) non seulement ce qui contredit la Sunna, mais encore tout ce dont l'appartenance à la Tradition ne pouvait être établie. Ces doctrines ont interdit la consommation du café, l'usage de cuillères et de couteaux, voire l'imprimerie. Si elles s'étaient imposées, nous serions obligés de vivre exactement comme les Arabes au temps du Prophète et des premiers califes. Est-il tolérable que le hadith forgé entrave le progrès social et politique de la communauté musulmane ?

L'*ijtihâd* n'est pas mort avec Abû Hanîfa et la mauvaise réputation qu'on lui a faite. Même si le hadith a acquis la même autorité dans toutes les doctrines (y compris chez les hanéfites, sous l'impulsion d'Abû Yûsuf et de Shaybânî), les juristes musulmans n'ont jamais cessé de faire usage de leur intelligence, de se forger des opinions à partir de leur effort individuel de réflexion. Simplement, au moment de professer ces opinions, ils ont eu recours au hadith — en l'interprétant dans le sens conforme à leur opinion ou en l'inventant — pour les faire passer. Une telle attitude est une insulte à l'intelligence, une atteinte à la liberté de pensée, une contrainte imposée aux oulémas et à tous ceux à qui leur conscience interdit d'inventer des hadiths. Elle aboutit à un cercle vicieux dès lors que ceux qui pensent différemment, voyant que la doctrine ou le point de vue qui appelle le hadith à la rescousse est mieux placé pour s'imposer, seront toujours tentés d'avoir recours aux mêmes armes.

5

Le soufisme fait-il partie de l'islam ?

Du vivant du Prophète déjà, certains de ses Compagnons, non contents d'accomplir leurs obligations religieuses et de respecter les prescriptions coraniques, décidaient d'établir un rapport selon eux plus étroit avec le Seigneur, de libérer leur esprit de ses attaches corporelles par le jeûne, la réclusion, la méditation et le détachement des choses de ce monde, s'imposant par là des limites et des contraintes bien au-delà de ce qu'exigeait la religion nouvelle.

Le Prophète désapprouvait cette tendance. A ceux que la prière et la dévotion nocturnes détournaient du devoir conjugal, il rappelait que celui-ci est comme une aumône de l'homme envers sa femme. « Si tu es des moines chrétiens, rejoins tes semblables ; si tu es des nôtres, sache que, chez nous, l'union conjugale (*nikâh*) est la règle », disait-il à ceux qui voyaient dans le mariage une concession au monde. « Pas de monachisme dans l'islam », dit le hadith, et le Coran abonde dans le même sens :

> Dis : « Qui donc a interdit la parure de Dieu, qu'Il a mise au jour pour Ses adorateurs, et les choses bonnes qu'Il vous a accordées ? » Dis : « Elles appartiennent aux croyants dans la vie d'ici-bas ; elles seront purifiées au Jour de la résurrection » [...] (VII, 32).

> [...] Dieu n'exige de vous que l'aisé. Il n'exige pas de vous le malaisé [...] (II, 185).

> [...] [Dieu] ne met aucune gêne pour vous dans la religion [...] (XXII, 78).

Muhammad craignait par-dessus tout que ces croyants aux tendances ascétiques n'introduisent dans la religion musulmane des éléments allogènes. Il savait à quel point ils étaient influencés par le monachisme chrétien, connu des Arabes avant l'islam : dès avant la révélation coranique, Waraqa ibn Nawfal, 'Ubayd Allâh ibn Jahsh, 'Uthmân ibn al-Huwayrith et Zayd ibn 'Amr ibn Nufayl — pour ne citer que les noms qui reviennent le plus dans les *sîra*-s — avaient renié le culte des idoles. Waraqa se convertit au christianisme, dont il devint un excellent connaisseur. 'Ubayd Allâh continua de douter jusqu'au moment où il se convertit à l'islam, émigra en Abyssinie, et, là-bas, se convertit au christianisme. 'Uthmân se rendit à Byzance, où il se convertit au christianisme et gagna la faveur de l'empereur. Zayd, enfin, abandonna la religion de son peuple, sans pour autant se convertir à l'islam ou au judaïsme : il se détournait des idoles, du sang animal et de la viande non saignée, prohibait l'enterrement des nouveau-nées, et se disait adorateur du Dieu d'Abraham.

Les *sîra*-s évoquent aussi un cinquième personnage, 'Uthmân ibn Maz'ûn, présenté comme « un de ceux qui prohibèrent l'alcool avant l'islam », et dont le goût pour l'ascèse et les mortifications aurait été particulièrement prononcé, au point de lui valoir le blâme du Prophète. Pour W. Montgomery Watt, une partie des musulmans qui émigrèrent en Abyssinie — 'Uthmân ibn Maz'ûn et 'Ubayd Allâh ibn Jahsh, notamment — étaient des hommes aux convictions religieuses vigoureuses, forgées dès avant l'islam, et qui risquaient de diverger de celles des autres musulmans. Cela expliquerait à la fois que le Prophète les ait choisis pour émigrer, et la durée de leur séjour en Abyssinie (ils ne rejoignirent pas les autres musulmans à Médine avant l'an 7 de l'Hégire).

Des Compagnons connus pour leur ascétisme comme Abû l-Dardâ' et Abû Dharr al-Ghifârî ont pu faire valoir que tel ou tel verset coranique incite les croyants à ne pas s'attacher aux plaisirs de ce monde, « jouissance d'illusion » (III, 185 ; LVII, 30). Mais il est certain, à la lumière de la biographie du Prophète et des versets cités au début de ce chapitre, que « l'ascèse » recommandée par le Coran ne consiste pas à renoncer aux plaisirs de ce monde, mais simplement à ne pas s'y complaire et s'y absorber au point d'oublier Dieu. Ces Compagnons ont jugé que leur accomplissement spirituel passait par une vie pauvre et indigente, mais nulle part le Coran ne fait l'éloge de la pauvreté. Un récit rapporte que Hasan ibn 'Alî ibn Abî Tâlib, lorsqu'on lui dit qu'Abû Dharr disait préférer la pauvreté à la richesse, fit ce commentaire : « Dieu ait pitié d'Abû Dharr. Quant à moi, je dis que celui qui s'en remet à ce que Dieu a choisi de bon pour lui ne peut lui préférer autre chose. »

L'expansion islamique et les débuts du soufisme

Avec les conquêtes, le courant ascétique se développa au contact des peuples des pays conquis : Araméens, juifs et chrétiens, Indiens et Iraniens, de religions diverses. En se convertissant à l'islam, ces peuples y apportaient les traditions d'ascèse et de mortification propres à leurs religions antérieures, introduisant dans l'islam des conquérants des influences occidentales (hellénistiques et chrétiennes) et orientales (zoroastriennes, hindoues et bouddhistes). La prédication soufie trouvait, naturellement, son terreau le plus favorable hors de la péninsule arabe, en Irak, au Levant, en Égypte. Mais dès la fin du IIe/VIIIe siècle elle s'était implantée à La Mecque et Médine, avant de gagner le Yémen.

Les premiers soufis — le plus connu est al-Hasan al-Basrî (m. en 110/728) — s'efforçaient de faire ressortir le fondement coranique de leur prédication et d'en dissimuler les influences étrangères. Ils continuaient à vivre parmi les hommes, conseillant, admonestant, offrant un modèle de conduite. Bientôt, pourtant, leur adoration de Dieu prit une forme nouvelle : ils se retirèrent du monde et se réfugièrent dans les grottes et les déserts, menant une vie de dénuement et de mortification dans laquelle ils voyaient la clé de la piété, et troquèrent leurs vêtements contre la bure de laine (en arabe *sûf*, d'où leur nom) qui depuis des siècles symbolisait la repentance chez les moines chrétiens. Lorsqu'on leur dit que le port de cet habit était une innovation inadmissible, ils prétendirent que Muhammad lui-même avait décidé que ceux qui se retireraient du monde pour se consacrer à Dieu devraient porter la bure — à quoi leurs ennemis répondirent que Muhammad avait la laine en horreur !

La diffusion de la prédication soufie

Durant les premières générations de l'islam, le soufisme était un phénomène marginal : on n'en trouve que de rares mentions dans la littérature de cette période. Par la suite, on le voit prendre une place de plus en plus importante, jusqu'à s'imposer comme une doctrine indépendante, à côté des écoles de *fiqh* sunnites.

Un puissant facteur de son développement fut, d'abord, la répulsion croissante que suscitait, chez les musulmans les plus pieux, le luxe outrancier auquel s'abandonnait une partie de leurs coreligionnaires à la faveur des conquêtes, détournant les croyants de la pensée dans les fins dernières. Par la suite, à l'époque 'abbâside, ce sentiment d'aliénation fut nourri par la tendance des juristes à s'enfermer dans des arguties juridiques autour de tel ou tel détail de la Loi religieuse, à accorder une importance démesurée à des aspects de la religion qui n'ont rien à voir avec la relation spirituelle entre Dieu et Son adorateur, et à se faire les exécutants dociles de la volonté du calife et des princes : l'inquisition déclenchée par le calife al-Ma'mûn (à partir de 833) autour de la question de la création du Coran est le meilleur exemple de ces errements.

Les transformations qui accompagnèrent et suivirent l'arrivée des Turcs en Irak (IVe/Xe siècle) contribuèrent elles aussi à détourner les croyants de l'activité politique, à laquelle il leur était devenu impossible de participer de manière effective, et à les ramener à leur vie spirituelle. Enfin, la lutte pour l'acquisition de biens matériels et symboliques rendus sans cesse plus abondants par l'expansion de l'État islamique faisait des déçus et des laissés-pour-compte qui décidaient, plus ou moins de gaieté de cœur, de se tenir à l'écart de la bagarre et de la regarder de haut. « Si tu entends, disait-on alors, quelqu'un dire “ Ce qui est auprès de Dieu est meilleur et plus durable ”, tu peux être sûr qu'il y a, tout près, un banquet auquel il n'a pas été invité !

Quoi qu'il en soit, le soufisme, semblable en cela aux courants mystiques des autres religions, se caractérise par l'accent mis sur la relation entre Dieu et Son adorateur, la purification de l'âme, et une négligence croissante vis-à-vis des aspects juridiques, normatifs du Coran et de la Sunna. Il est, en partie au moins, une réaction, de la part d'esprits sensibles, à l'intérêt trop exclusif de l'islam des juristes pour le comportement extérieur de l'individu, une réaffirmation de cette vérité que l'islam ne se limite pas au respect formel de la Loi religieuse telle qu'elle est exprimée par les écoles de droit. C'est là l'essentiel de la contribution du soufisme à l'islam : avoir réhabilité l'expérience religieuse proprement dite, avoir revalorisé le fond au moment où le formalisme et la tradition menaçaient de détruire la religion.

Les soufis préféraient donc la « porte étroite », particulièrement ceux d'entre eux qui, venant à l'islam après d'autres expériences religieuses, avaient du mal à admettre la simplicité de la religion nouvelle, et continuaient de tendre vers d'autres idéaux et d'autres formes de contrôle de soi et de recherche spirituelle. Pour eux, l'islam des juristes et des théologiens ne pouvait guère convaincre qu'un peuple de pasteurs ou de guerriers, une société comme celle des Arabes d'avant l'islam. Partant de l'idée coranique que « les actions ne valent que par les intentions », ils conclurent qu'il fallait donner la primauté au travail sur la conscience, sans la moindre complaisance, à l'opposé de la *sharî'a* des juristes qui ne juge que l'aspect extérieur des choses, se désintéresse de la vie spirituelle de l'individu, et se dit désarmée contre l'hypocrisie. La religion est plus et mieux que la simple allégeance à une Loi exotérique. Comment, disait al-Ghazâlî, les disputes sur le divorce, la vente et autres points de droit peuvent-elles préparer le croyant au jour du Jugement ? Comment accepter l'idée, défendue par les juristes, de cette distance immense entre Dieu et Son adorateur, quand le Coran lui-même dit qu'Il est « plus proche de l'homme que sa carotide » (L, 16) ?

Islam du visible *vs* islam des visions

Durant le IIIe/IXe siècle, le soufisme, de simple prédication ascétique, se transforma en une doctrine plus complexe. Et, plus ses maîtres (*shaykh*) négligeaient les commandements et règles de la Loi religieuse, plus les juristes focalisaient leur attention sur eux, dans un mouvement semblable à celui qui avait fait dire à Abû Hâmid al-Murûrdhî : « Si les Khârijites n'avaient pas déclaré 'Alî infidèle, les extrémistes shî'ites ne l'auraient pas divinisé. » Ils en vinrent à considérer les prescriptions de la *sharî'a* comme une simple étape initiale, un « moyen » dont celui qui n'en avait pas besoin pour atteindre la fin pouvait être exempté, voire, chez certains, un obstacle sur la voie du salut de l'âme.

Certains allaient même plus loin, affirmant que les saints (*wâlî*, pl. *awliyâ'*) soufis étaient supérieurs aux prophètes : ils étaient en relation directe avec Dieu, capables de ne faire qu'un avec Lui (*wahda*) ou de disparaître en Lui (*fanâ'*), alors que les prophètes n'étaient en rapport avec Lui qu'au travers d'un intermédiaire (« J'ai traversé un océan dont les prophètes sont restés sur la rive »). Ils se disaient plus proches du Seigneur que les juristes, et détenteurs de la « religion des visions » (*dîn al-basâ'ir*), qu'ils opposaient à la « religion du visible » (*dîn al-mubsarât*) de ces derniers. A la « science » religieuse (*'ilm*) des oulémas, ils opposaient la « connaissance » (*ma'rifa*) et la sagesse divines. Celui qui s'enferre dans la « science » ne peut accéder à la « juste vision ». Al-Bistâmî disait : « Vous tenez votre science d'un mort, qui la tenait d'un mort. Nous tenons la nôtre du Vivant, Celui qui ne meurt pas. Vous dites : " Un tel — un mort ! — m'a dit, sur l'autorité d'Un tel — un autre mort !". Nous disons : " Mon cœur m'a dit, sur l'autorité de mon Seigneur."»

L'audace des soufis, leur popularité croissante, leur intérêt exclusif pour le salut individuel au détriment des besoins collectifs de la Communauté leur valurent des mises en garde retentissantes de la part des oulémas. Ces derniers ne pouvaient que constater que les soufis, à l'instar des chrétiens, recouraient à des moyens peu orthodoxes pour atteindre la transe spirituelle recherchée : musique, danse, mais aussi réinterprétations de la poésie élégiaque (qui s'y prêtait fort bien, puisque l'être aimé, homme ou femme, y est chanté au masculin), qu'ils faisaient dire par de gracieux éphèbes, censés symboliser la perfection de l'œuvre du Créateur ! Il y eut enfin les paroles redoutables des Dhû l-Nûn al-Misrî (m. en 861), Abû Yazîd al-Bistâmî (m. en 857 ou 874), al-Hallâj (m. en 922) et consorts : « Je suis Dieu, et Dieu est moi » ; « Gloire à moi, le Tout-Puissant » ; « Notre bannière est plus grande que celle de Muhammad » ; « Iblis et Pharaon sont mes amis et mes guides » ; « Est impie celui qui distingue entre la foi et l'impiété. » Ou ce « Et moi encore plus » d'un soufi entendant le muezzin annoncer : « Dieu est plus grand » (*Allâhu akbar*). Ces paroles, que les soufis prononçaient dans des moments d'union et de fusion totale en Dieu, les oulémas les lurent comme des professions de foi polythéistes.

Modérés et extrémistes

Le soufisme commençait à dépasser les bornes. Montrant son vrai visage, il transgressait ouvertement la religion, s'ouvrait sans retenue aux influences extérieures qui finissaient par effacer les repères fondamentaux de l'islam. La sincérité de la foi de certains soufis était suspecte. Hallâj, iranien et petit-fils d'un mazdéen adorateur du feu, pour qui le musulman devait abandonner les « médiations » (*wasîta*, pl. *wasâ'it*) et pouvait remplacer les obligations religieuses par d'autres actions, aurait été, selon certains orientalistes, un crypto-chrétien. Naturellement, de telles audaces étaient possibles parce qu'il n'existe pas, dans l'islam, d'autorité religieuse supérieure équivalente à l'Église, qui oriente la religion de sorte qu'au lieu d'être souillée par des croyants égarés, elle puisse tirer parti des innovations après les avoir acclimatées et épurées.

A l'intérieur même du mouvement, certains prenaient conscience des excès de leurs compagnons et des dangers qu'encourraient inévitablement l'ensemble des soufis en cas de conflit avec l'autorité politique et les juristes sunnites. Essayant de reprendre les choses en main avant qu'il ne soit trop tard, ils s'employèrent à expliquer que les soufis, loin de vouloir mettre à mal une nouvelle fois l'unité de la Communauté, n'étaient qu'un groupe de croyants pour qui la réforme et la revivification de la pensée religieuse devaient se faire de l'intérieur du sunnisme, et non au moyen d'une nouvelle dissidence. Pour ce faire, ils entreprirent, à l'instar des juristes, de fonder dans le Coran et la Sunna la doctrine soufie. Ainsi voit-on al-Muhâsibî (m. en 857) affirmer, dans *al-Ri'âya li-huqûq Allâh* (« Le respect des droits de Dieu »), que les soufis sont les plus purs sunnites, au moyen d'une interprétation « soufie » d'une série de versets :

> [...] Tu ne lançais pas toi-même les traits quand tu les lançais, mais Dieu les lançait [...] (VIII, 17).

> A Dieu l'orient et l'occident. De quelque côté que vous vous tourniez, là est la face de Dieu [...] (II, 115).

> [...] Dieu les ait en Son agrément, qu'ils L'aient dans le leur [...] (V, 119).

> Dis : « Mon édification se réduit à l'Unique : vous dire de vous redresser pour Dieu [...] (XXXIV, 46).

> Fuyez vers Dieu [...] (LI, 50).
>
> Oui, Nous avons créé l'homme. Nous savons ce que lui chuchote son âme. Nous sommes plus proche de lui que sa carotide. (L, 16).
>
> Ne chasse pas ceux qui invoquent leur seigneur soir et matin parce qu'ils veulent Son visage [...] (VI, 52).
>
> Quand ils entendent ce qui est révélé au Prophète, tu vois leurs yeux épancher des larmes, tant ils y reconnaissent de vérité [...] (V, 83).
>
> Ceux qui donnent ce qu'ils peuvent donner tandis que leurs cœurs sont pénétrés de crainte [...] (XXIII, 60).

Le verset « Tu ne lançais pas toi-même les traits quand tu les lançais, mais Dieu les lançait » servait à fonder les doctrines du *hulûl* (infusion, inhabitation de l'âme du mystique par l'Esprit de Dieu) et de l'*ittihâd* (union de l'âme avec Dieu). En modifiant la désinence du mot *kull* (« tout ») dans le verset LIV, 49 (« Quant à nous, nous avons créé toute chose par un décret »), on lui donnait le sens de « Quant à nous, nous sommes toute chose... », pour soutenir une sorte de panthéisme. Plus généralement, on développa une interprétation ésotérique par laquelle tout, dans le Coran, devenait symbole : par exemple, dans la sourate XII (*Joseph*), symbole des forces spirituelles, Jacob symbolise la Raison, et Joseph le Cœur. Le Cœur tombe, victime de ses dix frères, dont cinq représentent les sens internes, et les cinq autres les sens externes, etc.

Comme d'autres avant eux, et d'autres après eux, les soufis recouraient à l'invention de hadiths — tel celui qui établit une hiérarchie entre un *jihâd* majeur (l'effort pour maîtriser les désirs charnels) et un *jihâd* mineur (la lutte contre les infidèles) —, ou mettaient dans la bouche de Muhammad des paroles attribuées à Jésus par le Nouveau Testament. Enfin, ils diffusaient sans relâche des récits édifiants — qu'aujourd'hui encore le commun des croyants tient pour authentique — sur la pauvreté du Prophète qui, même à Médine, aurait connu la faim : comment, pour l'oublier, il s'attachait parfois des pierres au ventre, ou comment, un jour, il avait rencontré Abû Bakr et 'Umar, poussés comme lui sur les chemins par leurs ventres vides... De tels récits avaient le don de mettre en colère Ahmad ibn Hanbal, qui combattait sans relâche les allégations de Muhâsibî et de ses semblables.

Les juristes déclarent la guerre aux soufis

Les soufis accusaient les juristes d'hypocrisie, parce que l'apparence extérieure des choses les détournait de leur essence cachée. Ceux-ci, en retour, les accusaient d'hérésie, parce qu'ils négligeaient ces aspects externes auxquels le Livre de Dieu donne pourtant force de loi. Mais ils n'étaient pas les seuls à contre-attaquer : les khârijites, certaines sectes shî'ites, puis les mu'tazilites et les zâhirites partageront leur hostilité au soufisme, de même que, bien plus tard, les wahhâbites. Que ces diverses sectes, par ailleurs opposées entre elles, se retrouvent dans l'abhorration du soufisme, voilà qui est peut-être le meilleur indice de ce que le soufisme est étranger à l'islam.

On peut résumer leur critique comme suit. En premier lieu, le respect des prescriptions de la *sharî'a* suffit, en lui-même, à s'acquérir l'agrément du Créateur, et il est le chemin naturel vers la perfection spirituelle. Le Livre et le Prophète de Dieu ne nous commandent rien de plus, et tout ce qui va au-delà n'est qu'égarement et innovation blâmable. Quant à l'amour divin pur de désir et de crainte dont parlent les soufis, comment le concilier avec le verset qui décrit les croyants comme « ceux qui détachent leurs flancs de leur couche pour invoquer leur Seigneur dans la crainte et l'appétence » (XXXII, 16) ? Seuls comptent la soumission, la patience, et le sentiment de faiblesse de l'adorateur devant la toute-puissance du Créateur. Ceux qui placent la méditation et la recherche de l'amour divin au-dessus de la prière n'agissent ainsi que pour pouvoir se libérer des obligations religieuses, et leurs discours sur l'ivresse spirituelle, l'union, l'infusion et la disparition en Dieu ne sont que des tromperies du Diable.

Pour l'islam, toute tentative de réduire la distance qui sépare Dieu Tout-Puissant de Ses adorateurs équivaut au polythéisme [*shirk*: le fait d'associer à Dieu autre chose que Lui]. L'Envoyé de Dieu lui-même, le plus parfait des hommes, n'a fait que transmettre aux hommes le message que Dieu lui a adressé par l'intermédiaire de l'archange Gabriel. Est-il pensable que des maîtres soufis soient mieux lotis que lui ? Quant à l'apologie de la pauvreté, elle n'est qu'égarement et imitation inadmissible des moines chrétiens, comme l'est le choix de la bure de laine. « Ils font montre de modestie dans leur habit pour mieux cacher l'orgueil qui habite leur cœur. En vérité, ils sont plus fiers de leur robe de bure que le propriétaire d'un châle coûteux ne l'est de sa parure. » Enfin, à propos de l'ascétisme et des mortifications : y a-t-il homme plus malheureux que celui qui croit la miséricorde divine si chiche qu'il doive se punir lui-même ? 'Umar ibn al-Khattâb était dans le vrai lorsqu'il admonesta un ascète qui feignait d'être mort en ces termes : « Ne nous tue pas notre religion, que Dieu va te faire mourir pour de bon ! »

Enfin, à quoi riment ces institutions, préceptes, rituels et expressions bizarres qu'ils ont introduits dans l'islam au point de le dénaturer ? Telle expression est empruntée aux philosophes grecs par l'intermédiaire du syriaque. Tel précepte, aux Upanishads. Les mouvements du corps qui accompagnent le *dhikr*, aux yogis hindous et aux rites chrétiens. L'initiation, qui met le disciple entre les mains du maître « comme la dépouille mortelle qu'on tourne et retourne à loisir pour la laver », est une institution purement chrétienne elle aussi. Quant à dire que l'obéissance du disciple à son maître est la première obligation religieuse, et que celui-ci peut commander à celui-là d'abandonner les devoirs religieux s'il estime qu'il a un « intérêt spirituel » à cela : quel sorte d'intérêt spirituel peut-il y avoir à s'écarter de ces devoirs ? De quel texte coranique, de quelle tradition prophétique ces shaykhs tirent-ils cette autorité quasi sacerdotale, quand le Coran reproche aux juifs et aux chrétiens de « se donner pour maîtres leurs docteurs et leurs moines en place de Dieu » (IX, 31) ?

Dans la foulée de la contre-attaque des juristes et des théologiens, l'autorité politique lança une vaste campagne contre les soufis les plus extrémistes. On dit que c'est en poursuivant les groupes alaouites qui menaient une guerre clandestine contre lui que l'État 'abbâside a pris conscience de l'importance croissante des groupes soufis. De fait, Dhû l-Nûn dut répondre devant le calife al-Mutawakkil de l'accusation d'hérésie, puis ce furent les procès de Nûrî et Abû Hamza entre 262 et 269 de l'Hégire, et l'inquisition se poursuivit jusqu'à la crucifixion d'al-Hallâj (311/922).

A ce moment s'achève le premier grand cycle de l'histoire du soufisme, caractérisé par un développement progressif de l'ascèse, la crainte de Dieu et l'effort en vue de dominer l'âme (al-Hasan al-Basrî), à l'idée de l'amour divin et de l'obéissance à Dieu sans désir ni crainte (Râbi'a al-'Adawiya), et enfin aux doctrines complexes du désir de Dieu (*'ishq*), de l'effacement et du retour au monde (*al-fanâ' wa-l-baqâ'*) et de l'infusion (*hulûl*) de Dieu dans la créature (Junayd et Hallâj).

La seconde étape : synthèse et consolidation

Les grands procès que nous venons d'évoquer eurent un effet profond sur le mouvement soufi : durant les IVe/Xe et Ve/XIe siècles, la plupart des shaykhs soufis s'efforceront de redonner au mouvement une façade de respectabilité : prudence et retenue dans l'enseignement et la doctrine, respect apparent de la *sharî'a*, abandon des pratiques les plus critiquées, réconciliation avec les oulémas sunnites, à qui ils se joignent pour critiquer ceux des soufis dont les paroles, prises à la lettre, relèvent de l'hérésie.

C'est aussi un moment de remise en ordre générale du mouvement et d'élaboration doctrinale : de nombreux oulémas soufis s'efforcent de codifier et d'organiser le soufisme, en revivifiant l'héritage des premiers maîtres modérés. De cette époque datent des textes fondamentaux du soufisme comme le *Kitâb al-luma'* (« Le livre des éclats ») d'Abû Nasr al-Sarrâj al-Tûsî, *Qût al-qulûb* (« La nourriture des cœurs ») d'Abû Tâlib al-Makkî, le *Kitâb al-ta'arruf li-madhhab ahl al-sûfiyya* (« La doctrine des soufis ») d'Abû Bakr al-Kalâbâdhî, les *Tabaqât al-sûfiyya* (« Les générations de soufis ») d'Abû 'Abd al-Rahmân al-Sulamî, le *Kashf al-mahjûb* (« Le dévoilement de ce qui est caché ») d'al-Hujwîrî, ou encore la célèbre *Risâla* («Épître ») d'al-Qushayrî.

Ces ouvrages s'en tiennent le plus souvent aux principes modérés élaborés par l'école de Junayd et, dans un souci d'apaisement, ignorent presque complètement Hallâj. Dans l'ensemble, ils ont réussi à fonder une sorte de consensus sur ce qu'est le soufisme : son sens, ses objectifs, ses grandes doctrines. Mais c'est sans conteste à al-Ghazâlî (1058-1111) que revient le mérite d'avoir levé les derniers obstacles à la réconciliation du soufisme et du sunnisme : on dit tantôt qu'il a servi le sunnisme en lui donnant une dimension spirituelle nouvelle, tantôt qu'il a servi le soufisme en resserrant et en affinant sa doctrine, tandis que d'aucuns estiment qu'il n'a servi ni l'un ni l'autre.

Dans son magnifique *Ihyâ' 'ulûm al-dîn* (« Revivification des sciences religieuses ») Ghazâlî recense et ordonne l'ensemble du corpus doctrinal soufi à partir de la tradition des maîtres modérés, et le fond dans la doctrine musulmane des premières générations. Par sa réputation de piété, par la modération et la précision de sa pensée, par son respect des formes imposées par la *sharî'a*, il contribue de manière décisive à l'acceptation par tous des principes qui avaient donné naissance au soufisme, et à la réconciliation longtemps attendue de ce dernier avec la *sharî'a*. D'un côté, il rehausse les théories soufies de la connaissance (*ma'rifa*) et de la Sagesse divine, de l'autre, il juge le *fanâ'* impossible et récuse la théorie du *hulûl*. D'une main, il met en garde juristes et théologiens contre la tentation de recourir abusivement aux accusations d'hérésie et d'impiété pour faire taire ceux qui expriment des points de vue différents des leurs ; de l'autre, il rappelle aux soufis l'impératif du respect des obligations religieuses, et leur démontre qu'elles peuvent apporter un précieux concours au soufi dans sa recherche spirituelle.

Il y a néanmoins, dans la doctrine de Ghazâlî, une influence chrétienne patente, qui lui vaudra l'hostilité des hanbalites, d'Ibn Taymiyya aux wahhâbites qui, lorsqu'ils établiront, à la fin du XVIIIe siècle, leur autorité sur la péninsule arabique, interdiront la lecture de ses livres. De fait, Ghazâlî, qui fait souvent référence à Jésus et multiplie les emprunts à l'Évangile, est célèbre pour avoir affirmé que si le christianisme renonçait au dogme de la trinité et reconnaissait la prophétie muhammadienne, il serait l'expression parfaite de la religion vraie. Dans un clair emprunt au christianisme, il recommande au disciple d'avouer à son maître tout ce qui pèse sur sa conscience, et d'accepter en retour les châtiments expiatoires que ce dernier lui impose : on retrouve là la confession chrétienne, à ceci près que Ghazâlî ne reconnaît pas au maître soufi le pouvoir d'absoudre les péchés.

Une idée essentielle dans la pensée de Ghazâlî est celle qui s'ordonne autour des deux propositions suivantes : 1) il est des vérités divines supérieures qui ne peuvent être divulguées sans danger au commun des croyants : il ne faut donner à chacun que la dose de vérité qu'il est en mesure d'assimiler ; 2) néanmoins, l'essentiel de la doctrine soufie ne doit pas demeurer l'apanage d'une élite savante. Au contraire, l'intérêt commun (*maslaha*) veut que chaque croyant puisse y puiser ce qui lui convient, afin que sa vie de tous les jours s'imprègne de la présence de Dieu, et du désir d'accomplir Sa volonté.

Cette double idée devait s'incarner dans les deux directions bien distinctes qu'a prises, à partir de là, la prédication soufie. D'un côté, la voie métaphysique, délibérément élitiste, dont la forme la plus élaborée se trouve chez le grand maître andalou Muhyî al-Dîn Ibn 'Arabî (m. en 638/1240) : pour lui, le soufisme est une science dont les secrets ne peuvent être révélés, avec la plus grande prudence, qu'à une élite d'initiés. De l'autre, une voie aux traits plus « populaires », dans laquelle les conditions imposées aux disciples sont beaucoup plus souples, de sorte que les enseignements soufis soient à la portée des esprits les plus simples. C'est naturellement cette deuxième voie qui devait largement s'imposer, dans tout le monde musulman, par l'intermédiaire des confréries soufies.

La troisième étape : le soufisme des confréries

Au commencement, le soufisme était une recherche individuelle, et rien ne liait entre eux ses divers adeptes. Très vite, cependant, les soufis ont ressenti le besoin de confronter leurs expériences, et de les communiquer aux autres croyants. Des groupes de jeunes gens ont commencé à se réunir autour des plus anciens pour recueillir leurs conseils et leur savoir, et chaque groupe a bientôt été connu pour suivre les enseignements de tel ou tel maître. On se réunissait d'abord dans des mosquées ou chez les maîtres, mais dès le IVe/Xe siècle, les groupes de soufis ont des bâtiments propres, où sont logés les membres du groupe venus d'autres quartiers ou d'autres villes, et où l'on offre le gîte et le couvert aux nécessiteux et aux voyageurs. Ces immeubles, qu'on appellera par la suite *takiya*, *zâwiya*, *ribât* ou *khânqâh*, appartiennent au maître et à sa famille, ou plus souvent sont la propriété d'un notable ou d'un marchand érigée en bien de main-morte (*waqf*), dont l'entretien est assuré par le revenu des terres qui lui sont rattachées.

Ainsi apparaissent des groupes plus ou moins organisés, qui mettent en œuvre des formes particulières d'adoration collective dont la plus importante est le *dhikr* (« rappel », « remémoration »). Ce terme est encore couramment employé pour désigner, par métonymie, le Coran lui-même : cela indique bien qu'au départ la séance de *dhikr* consistait en une lecture de versets choisis du Coran, offerts à la méditation silencieuse de l'assistance. Ce n'est que plus tard que ces séances ont pris la forme qu'on leur connaît aujourd'hui, à savoir la répétition ininterrompue du nom de Dieu, rythmée par des mouvements du corps (par exemple, la fameuse danse des « derviches tourneurs ») propres à provoquer la transe recherchée par les soufis : on scande le nom d'Allâh en concentrant tout son être sur lui, jusqu'à ne plus pouvoir remuer les lèvres, jusqu'à ce que le mot se soit imprimé dans le cœur.

Au fil des générations, ces communautés devaient se multiplier et s'institutionnaliser sous le nom de confréries (*tarîqa*, pl. *turuq*), sous lequel elles sont connues à partir de la fin du VIe/XIIe siècle. Depuis lors, les confréries dominent largement le mouvement soufi, et surtout ont attiré à lui une multitude de croyants, dans des proportions bien supérieures à ce que tous les autres mouvements ou sectes de l'islam ont jamais réussi à faire. Chaque confrérie a développé ses rites d'initiation, sa « liturgie », son patrimoine foncier (par donation et par *waqf*), et enfin se rattache, par une généalogie inventée, à tel ou tel Compagnon du Prophète connu pour ses tendances ascétiques.

Il est difficile de porter un jugement général sur les rapports entre les confréries et l'autorité politique dans le monde musulman tout au long des sept ou huit derniers siècles. Le clergé shî'ite en Iran, les wahhabites en Arabie, Mustafa Kemal Ataturk en Turquie ont mené la vie dure aux confréries, pour des raisons politiques et/ou religieuses. Inversement, d'autres régimes étaient convaincus qu'ils ne sauraient durer sans la bénédiction de tel ou tel puissant maître de confrérie. Du côté des confréries, on trouve la même diversité, dont le meilleur exemple est fourni par la position des Tijâniyya en Afrique du Nord face à la colonisation française : les Tijâniyya d'Algérie étaient des soutiens fidèles de l'occupant, tandis que leurs pairs du Maroc et de Tunisie livraient contre lui un *jihâd* sans merci. Enfin, une des formes de contrôle de l'autorité politique sur les confréries fut l'institution du « maître des maîtres » (*shaykh al-mashâyikh*) des confréries, désigné plus ou moins ouvertement par l'autorité politique, et qui avait la haute main sur l'ensemble des confréries du pays. En Égypte, ce « maître des maîtres » est choisi au sein des familles qui se disent descendantes du premier calife Abû Bakr al-Siddîq, et est appelé pour cette raison *al-shaykh al-Bakrî*.

Massignon a recensé 175 confréries principales, dont la plupart se subdivisent en de multiples branches. La plus ancienne est celle des Qâdiriyya, fondée en Irak par 'Abd al-Qâdir al-Jîlânî (m. en 1166). C'est une des plus tolérantes et des plus pieuses, une des plus proches de la voie sunnite : ses adeptes ont toujours été connus pour leur dévotion, leur propension aux œuvres charitables, leur modestie et leur refus de tout fanatisme religieux ou politique. Les traditions des Rifâ'iyya, à l'origine une branche des Qâdiriyya, sont moins modérées : ils ont développé des rituels de mortification tels que manger du verre, jouer avec des vipères, ou marcher pieds nus sur des braises. Leur éponyme, Ahmad al-Rifâ'î (m. en 1182), se disait « sceau des saints » (*khâtim al-awliyyâ'*) (c'est-à-dire le dernier d'entre eux, par imitation de Muhammad, Sceau des prophètes), et ses disciples ont prétendu qu'il réunissait en lui toutes les qualités du Prophète. Pour qu'ils ne s'égarent pas du droit chemin, Rifia'î les obligeait à rompre toute relation avec les autres confréries. Les Mawlâwiyya, ainsi nommés en référence au grand poète mystique Mawlânâ Jalâl al-Dîn al-Rûmî (m. en 1273), sont célèbres par leur danse dite des derviches tourneurs, symbole de la recherche sans fin de l'être aimé divin, et qui est considérée comme un rituel fondamental par les membres de l'ordre.

Les femmes soufies, quant à elles, ne se sont jamais organisées en confréries, même si elles se réunissaient, semble-t-il, ici et là, dans des *zâwiya*-s propres à elles. Les femmes souhaitant entrer en soufisme devaient donc rejoindre une des confréries d'ores et déjà existantes, ou alors développer une vie religieuse autonome à l'écart de celles-ci. Dans les séances d'étude ou de *dhikr*, les femmes sont séparées des hommes par un rideau, et l'histoire nous rapporte le cas d'une fille du shaykh Awhad al-Dîn al-Kirmânî, qui aurait dirigé dix-sept *takiya*-s à Damas au VIIe/XIIIe siècle.

Naturellement, les doctrines des diverses confréries divergent considérablement, et les conflits et disputes entre elles ont été fréquents. Les Bektâshiyya font vœu de célibat, tandis que les autres confréries prônent le mariage, conformément à l'islam (Ibn 'Arabî lui-même prit, à plus de soixante ans, une nouvelle femme âgée de dix-huit ans). Rifâ'î s'était prétendu, comme on l'a dit, « Sceau des saints » : cela n'empêcha pas le shaykh Ahmed al-Tîjânî (m. en 1815) d'affirmer que le Prophète lui-même l'avait choisi pour être, lui, le Sceau des saints. Nombre de confréries empruntent au shî'isme une bonne part de leurs doctrines : ainsi, le shaykh Rajab al-Bursî, qui affirma que l'amour de la famille du Prophète rachète tous les péchés (exactement comme dans le christianisme). Plusieurs maîtres soufis — le plus connu étant le Soudanais Muhammad Ahmad ibn 'Abdallâh, dit al-Mahdî (1844-1885) — ont prétendu être le Mahdî Attendu, c'est-à-dire, selon une croyance répandue, le restaurateur de la justice et de la religion dont le règne précédera la fin du monde.

Le déclin du soufisme

Il reste qu'avec la fin du VIIe/XIIIe siècle, la période créatrice du soufisme paraît définitivement révolue, et le mouvement amorce un lent déclin — qui s'accélère à partir du XVIe siècle —, marqué par la frivolité, le charlatanisme, et un matérialisme qui surpassera celui que les premiers soufis avaient tant reproché aux juristes.

On se rappelle que les premiers soufis faisaient l'éloge de la pauvreté, et choisissaient délibérément de vivre dans le dénuement. A leur suite, on continuait de se représenter le soufisme comme l'abandon des biens de ce monde au profit du salut de l'âme. Comment justifier, dans ces conditions, que des maîtres soufis recherchent l'amitié des sultans, les faveurs des princes et des notables, s'allient avec les familles les plus riches, possèdent maisons bourgeoises et de vastes domaines, voire s'attachent des panégyristes ? Oublieux des débats des premiers siècles sur l'incompatibilité de la richesse matérielle et de la recherche de la perfection spirituelle, ces soufis d'un nouveau genre répondaient qu'il n'y avait là aucune contradiction. Ceux qui en voyaient une étaient des ignorants, préoccupés par les seules apparences. Richesse et propriété n'avaient aucune importance en elles-mêmes : l'essentiel était dans le cheminement spirituel, qui permet d'endurer la privation comme de faire bon accueil à l'abondance...

Il était tout aussi surprenant de voir des soufis prendre les armes et livrer bataille, soit pour prendre part au *jihâd* contre des non-musulmans, soit pour se révolter contre une autorité musulmane. L'histoire nous rapporte comment, au XIIe siècle, le shaykh soufi Ibn Fâsî, à la tête d'une armée de fidèles, attaqua le Portugal et s'en empara par la force des armes. Le soufisme n'échappa pas non plus aux arguties doctrinales, que ses pères fondateurs avaient tant reprochées aux juristes, théologiens et philosophes : souvenons-nous du conflit interminable qui dressa l'une contre l'autre les écoles khurâsânienne et irakienne autour de l'expression coranique « Dieu les ait en Son agrément, qu'ils L'aient dans le leur » : les Irakiens faisant valoir que l'agrément est une « station » (*maqâm*), car l'agrément du Seigneur précède celui de Son serviteur, les Khurâsâniens rétorquant que l'agrément est un « état » (*hâl*), parce qu'il est le fruit de la remise à Dieu (*tawakkul*), qui est elle-même une « station », tandis qu'une troisième école essayait de les concilier en expliquant que l'agrément commence comme « station » et s'achève en « état » !

Désormais accepté par tous, le soufisme retrouvait, par la voix de certains de ses porte-parole, l'audace et les fanfaronnades de Hallâj et Bistâmî : mépris affiché pour les prescriptions de la Loi religieuse, puis pour l'ensemble des règles morales posées par le Coran... Certains prônaient, bien avant Raspoutine, de s'abstenir de lutter contre les appétits de la chair, et conseillaient à leurs disciples de s'y adonner sans retenue, sous prétexte que c'est le meilleur moyen de comprendre la vanité du désir et de l'éradiquer. La confrérie malâmutiyya, au Khurâsân, considérait que ses disciples devaient, dans certains cas, commettre les péchés les plus graves, les crimes les plus ignominieux, afin de faire disparaître en eux tout orgueil, tout amour-propre, et de se prouver à eux-mêmes qu'ils ne faisaient aucun cas du jugement des hommes.

Au fil du temps, le soufisme s'est chargé de toute une série de doctrines, rituels, comportements clairement contraires aux commandements de l'islam tels que les a transmis le Prophète. Certes, ses maîtres les plus sensés ont toujours pris soin de trier, parmi les innovations introduites par le soufisme, le bon grain de l'ivraie. Mais ces rares efforts se sont toujours noyés dans la masse des superstitions qui sont devenues la caractéristique essentielle du mouvement. Rituels d'exorcisme (*zâr* en Égypte, *bûrî* en Tunisie...). « Possédés » (*majdhûb*, pl. *majâdhîb*) aux comportements déviants, à qui l'on pardonne tout sous prétexte qu'ils sont « aimés de Dieu ». Haddâwa du Maroc, disciples d'Ibn Mashîsh (m. en 1225), adorateurs du chat (Mashîsh veut dire « chat » en berbère), qui errent d'une ville à l'autre dans leurs haillons, mendiant et prenant des drogues, et vouent un culte à une pipe énorme qui aurait appartenu au fondateur de la confrérie. Qalandariyya qui se rasent le crâne et les sourcils, fument le haschisch et méprisent ouvertement les prescriptions de l'islam...

Plus particulièrement, depuis le VIIe/XIIIe siècle s'est affirmée la propension du soufisme à donner à Muhammad un statut comparable à celui de Jésus dans le christianisme, propension contre laquelle s'éleva justement le hanbalite Ibn Taymiyya. Elle apparaît notamment dans la tradition de la fête annuelle de la naissance du Prophète (*mawlid al-nabî*), née au nord de l'Irak aux alentours de 1200, et qui s'est répandue en moins d'un siècle dans l'ensemble du monde musulman. Elle est aussi manifeste dans le culte des saints soufis, qui confine parfois à l'adoration : le commun des croyants a pris pour argent comptant leur prétention à la « sagesse divine », et s'est mis à attendre d'eux toujours plus de « prodiges » (*cf.* chap. 6), tandis que ceux-ci s'empressaient de répondre à cette attente. Le soufisme, en théorie, recommande aux saints de dissimuler leurs prodiges ou, au moins, d'en minimiser autant que possible la valeur. En fait, ce principe a rarement été respecté. Pis, certaines confréries, pour nourrir l'attente du public, prônent exactement le contraire et donnent la plus grande publicité aux « prodiges » de leurs saints. D'où ces hagiographies où abondent les récits édifiants, et cette complaisance de certains soufis qui absorbent des poisons, se frappent de coups de poignard, marchent sur le feu ou sautent du haut de falaises pour montrer aux yeux du monde comment la toute-puissance du Créateur se manifeste en eux.

En guise de conclusion

L'histoire du soufisme est finalement, tout au long de ces quelque quatorze siècles, celle d'une oscillation constante entre une piété inspirée, une authentique mystique d'un côté, et un vulgaire charlatanisme de l'autre. De même que le critique juge le poète ou l'artiste à l'aune de ses plus belles œuvres, fermons un instant les yeux sur les manifestations dégénérées du soufisme et concentrons-nous sur son âge d'or pour tenter de répondre à ces deux questions : quelle est la contribution du soufisme à l'islam, et peut-on dire qu'il en fait vraiment partie intégrante ?

En démasquant la religion creuse des juristes, leur formalisme réduisant la foi à un vernis de civilité dénué de toute spiritualité, le soufisme a incontestablement rendu un service inappréciable à l'islam. Mais encore faut-il préciser que les efforts des soufis ont permis non pas d'ajouter à l'islam une dimension qui lui aurait fait intrinsèquement défaut, mais de combler un manque qui s'était fait jour après coup. Pour le soufisme, la réforme (*islâh*) ne consiste pas, comme pour un Ibn Taymiyya ou un Ibn Qayyim al-Jawziyya, en une tentative de libérer l'islam de la gangue d'innovations qui s'est accumulée autour du noyau originel des trois premières générations. Au contraire, elle consiste à lui ajouter de nouvelles pierres qui ne conviennent ni par leur matériau ni par leur taille, à l'édifice original. Celui-ci n'est plus purement islamique ; il n'est pas davantage chrétien, hindou, iranien ou grec, mais plutôt une combinaison instable de tout cela. Si le fondateur de l'islam revenait, il ne reconnaîtrait pas son œuvre, et si d'aventure il rencontrait un shaykh soufi, il serait bien en peine de le comprendre.

A la réforme de Ghazâlî, nous préférons donc celle d'Ibn Taymiyya — ce qui ne doit pas être compris comme un refus de faire évoluer la prédication islamique de manière conforme aux besoins changeants du lieu et du moment. Mais on ne peut, sous couvert de faire évoluer la prédication, la revêtir d'un habit qui n'est pas le sien, et y introduire des doctrines étrangères. Cette pratique n'a d'ailleurs pas été l'apanage des soufis : des premiers khârijites aux modernes socialistes, de multiples groupes ont, par crainte des persécutions ou pour élargir leur base populaire, donné un habillage islamique à leurs idées. Ils auraient eu davantage de mérite à se poser en écoles philosophiques, voire en religions nouvelles. Quant à introduire dans l'islam, par des interprétations tendancieuses du Coran et des hadiths forgés, des éléments bouddhistes, chrétiens ou autres, c'est une entreprise peu glorieuse, dont il ne peut sortir qu'une combinaison artificielle d'éléments disparates.

Schopenhauer, puis Massignon ont vu dans le soufisme la plus haute expression de l'islam : le premier, parce qu'il faisait écho à sa philosophie ascétique, le second, parce qu'il voyait en lui la doctrine « musulmane » la plus proche du christianisme. Quant à nous, nous serions plus tentés de poser la question : en quoi le soufisme fait-il partie de l'islam ?

Un dernier point, avant de tourner la page : à plusieurs reprises au cours de l'histoire islamique, un moment de déclin, de défaite ou de faiblesse s'est accompagné d'un renouveau du soufisme. On vient de le vérifier une fois de plus après la défaite arabe de 1967. Certes, il est dans la nature de toute religion d'aider ses adeptes à accepter les situations nouvelles, à apprendre à vivre avec elles. On sait que la morale chrétienne s'imposa comme le meilleur garant d'une coexistence pacifique entre les habitants de la Palestine et leurs gouvernants romains, tandis que la morale des Pharisiens s'y opposait. De même, la morale soufie tend généralement au compromis, à l'acceptation de la situation de fait. Si les armées mongoles ont été repoussées au XIIIe siècle, c'est grâce à l'armée mamelouke, non grâce à la morale soufie. Et si la nation arabe doit un jour se relever de la défaite de juin 1967, ce sera non pas grâce à, mais malgré les tendances soufies qui se sont propagées en son sein.

6

La question des saints musulmans

L'islam est texte et interprétation. Celui-là vient de Dieu, celle-ci est le fait des hommes. Celui-là est immuable, celle-ci change au gré des individus, des sociétés, des époques. Et souvent, faute de pouvoir modifier ce texte, les hommes déploient des trésors d'imagination pour en donner une interprétation conforme à leurs inclinations et leurs passions.

Certains philosophes de l'Antiquité, dit-on, ont préféré faire disparaître leurs écrits avant leur mort, plutôt que de laisser des textes qui restreignent la liberté de leurs successeurs, afin de laisser à leurs disciples, aussi divers soient-ils, la possibilité de se réapproprier sa pensée à leur façon. Dans le même sens, on fait parfois remarquer que Muhammad n'a ni ordonné la recension du Coran de son vivant, ni laissé d'instruction en ce sens avant de mourir. Abû Bakr, le premier calife, aurait répondu à 'Umar ibn al-Khattâb, lorsqu'il le lui proposa, qu'il hésitait à se risquer dans une entreprise que le Prophète lui-même n'avait pas engagée.

Quoi qu'il en soit, l'islam, à l'instar des autres religions, postule que les prescriptions de son texte sacré sont valables pour tous, partout et toujours. Mais les hommes sont souvent trop faibles pour se lier aux commandements scripturaires, trop lâches pour se révolter, et trop pervers pour reconnaître leur impuissance. Et puisqu'ils ont toujours besoin des certitudes que leur procure la religion, le plus simple est encore de la maintenir apparemment en l'état, tout en l'interprétant de la manière qui leur convient et leur permet de croire qu'ils la servent et la défendent avec une loyauté sans faille.

Le besoin de médiateurs et d'intercesseurs

Rien n'est plus difficile à admettre par le croyant, dans les religions monothéistes, que l'abstraction dans laquelle est maintenue Dieu. Dans le monde antique, les cultes religieux étaient toujours liés à une représentation : idole, astre, monarque, phénomène naturel... la divinité antique était toujours concrète, incarnée. L'idée d'un Dieu abstrait ne s'est pas imposée du jour au lendemain : il a fallu de longs siècles, durant lesquels s'est peu à peu développée la conscience de l'abîme qui séparait désormais les hommes de Dieu, même s'ils se le représentaient comme « le Père » ou, selon l'expression coranique, « plus proche d'eux que leur carotide ».

Mais les hommes n'ont jamais cessé de ressentir le besoin de combler cet abîme, par tous les moyens : « Chassez le paganisme, il revient au galop. » De leur côté, les clercs ont toujours pensé qu'il valait mieux composer avec ce besoin naturel, le satisfaire jusqu'à un certain point, plutôt que de voir les croyants se détourner complètement de la vraie foi (et échapper à leur contrôle). C'est ainsi que la sculpture et la peinture religieuses ont pris le relais des idoles païennes, et le culte des saints, celui des divinités, des rois ou des ancêtres. Dans sa fameuse *Histoire de l'Inde*, al-Bîrûnî (mort v. 1050) écrit :

> On sait la prédilection du commun pour les choses sensibles et son aversion pour l'abstraction, que ne comprennent que ceux qui savent, et qui sont, partout et toujours, en petit nombre. Mus par ce besoin d'allégorie, les croyants ont, comme les juifs et les chrétiens, eu recours à la représentation picturale et architecturale. Montrez une image du Prophète, de La Mecque ou de la Ka'ba à un homme de basse classe ou à une femme : cela le met dans un tel état de ravissement qu'il est prêt à l'embrasser et à se couvrir les joues de poussière, comme si la vue de l'image valait le petit et le grand pèlerinage réunis ! C'est cela qui explique le culte des anges, des prophètes et des grands hommes : on leur fait des représentations idolâtres qui rappellent leur destinée au-delà de leur mort et entretiennent le souvenir de leur grandeur, puis le temps fait son œuvre, et les générations qui se succèdent finissent par oublier l'origine de ces idoles, désormais intégrées dans le paysage des croyances et des traditions.

Même dans le système communiste, qui, dans sa visée « scientifique », ne fait pas de place à la religion, la foi dans le matérialisme dialectique donnait lieu à des démonstrations de dévotion proprement religieuse. Les pères fondateurs du communisme ont fait l'objet d'un culte analogue à celui des saints et des prophètes : qualifiés d'éternels, de soleil qui ne se couche jamais, leurs portraits et leurs statues monumentales, après avoir remplacé les icônes et les statues religieuses, veillaient sur les places et les lieux publics, et on se rendait en pèlerinage visiter leurs tombeaux, pour les voir quelques secondes après des heures de queue. Leurs écrits étaient canonisés, suggérer qu'ils avaient pu se tromper équivalait au blasphème. Les gardes rouges chinois allaient jusqu'à glisser le petit livre rouge sous leur oreiller comme un porte-bonheur !

Ce besoin de concret va de pair avec un autre, de même nature : le besoin de médiateur, d'intercesseur. Les rois ont beau ouvrir les portes de leurs palais à leurs sujets, les religions réaffirmer qu'il n'y a pas de médiateur entre Dieu et Son serviteur, le commun des mortels continue d'être effrayé à l'idée de la présence royale ou divine, et préfère recourir à la médiation d'êtres qui lui sont plus proches : au lieu d'invoquer Dieu, il invoque Son prophète, un ancêtre plus ou moins lointain, ou demande l'aide ou l'intercession du saint patron de sa ville ou de son village.

Les religions monothéistes ont profondément transformé la vision du monde et les croyances des peuples qui les ont adoptées, mais ces idées et ces croyances anciennes, dont elles étaient censées faire table rase, les ont pénétrées et remodelées de manière conforme aux besoins psycho-sociologiques des peuples. Les doctrines religieuses universalistes se sont croisées avec une multitude de croyances particulières, jusqu'à en devenir parfois méconnaissables, même si les hommes étaient toujours assez intelligents (ou pervers, ou égarés) pour donner un fondement « religieux » à ces croyances particulières, une forme acceptable par la religion globale à des cultes et des rituels qu'ils n'avaient aucune intention d'abandonner. La culture indienne abhorre le remariage des veuves ? Les Indiens convertis à l'islam font en sorte de donner de leur religion nouvelle une interprétation qui leur permette de perpétuer cette coutume — ce qui était d'autant plus difficile que la coutume arabe était exactement inverse : le Prophète lui-même a épousé neuf veuves au cours de sa vie ! En Afrique, telle tribu dont la religion païenne prohibait l'abattage et la consommation du coq continue de le prohiber après s'être convertie à l'islam, mais désormais au motif que le coq est un oiseau saint parce qu'il réveille les croyants pour qu'ils accomplissent la prière de l'aube !

Comment les obstacles posés par l'islam au culte des saints ont été surmontés

Le culte des saints a toujours été le moyen priviligié des peuples pour assurer la survie de leurs croyances païennes. Les chrétiens ont trouvé un exutoire à leur paganisme dans l'imagerie du Christ et de la Vierge Marie. Dans l'islam, qui pousse l'interdiction des idoles et des images plus loin que le christianisme (« Les anges ne pénètrent pas la maison où il y a un chien ou une image » — *Sunan* d'Abû Mâjja), l'exutoire principal a été le culte des saints. Pour lui faire une place dans la religion nouvelle, les musulmans ont dû contourner deux obstacles essentiels.

Le premier est le rejet explicite et catégorique, par le Coran, du culte des Livres et du monachisme :

> Ils se donnent pour maîtres leurs docteurs et leurs moines en place de Dieu, et font de même du Messie fils de Marie. Et pourtant il leur a été commandé de n'adorer qu'un seul Dieu — il n'est de dieu que Lui, tellement au-dessus de ce qu'ils Lui associent ! (IX, 31)

> Le Jour où Nous confrontons les coupables avec cela qu'en place de Dieu ils ont adoré,
> Il dira : « N'est-ce pas vous qui avez égaré du chemin ces Miens adorateurs ? ou sont-ce eux qui se sont égarés ? »
> « Gloire à Toi !, disent-ils, nous n'étions pas fondés à adopter en Ton lieu des patrons, mais Tu leur as comme à leurs pères accordé jouissance au point qu'ils oublièrent et ne furent plus qu'un peuple à l'abandon. » (XXV, 17, 18).

> Prémunissez-vous contre le jour où nulle âme ne paiera rançon pour aucune autre, où nulle intercession ne sera acceptée d'elle, nulle compensation reçue, non plus qu'ils ne trouveront, eux de secourant. (II, 48).

> Ils adorent, en dehors de Dieu, cela qui ne peut leur valoir ni dommage ni avantage, et disent : « Ceux-là ne sont que nos intercesseurs auprès de Dieu ». Dis : « Prétendez-vous informer Dieu de rien qu'Il ignore aux cieux ou sur la terre ? — Gloire à Lui, tellement au-dessus de ce qu'on Lui associe ! » (X, 18).

Le second obstacle est que Muhammad n'a jamais prétendu détenir de pouvoirs surnaturels, ou connaître le *ghayb*, le « mystère ». Les pieux ancêtres ne lui attribuaient d'autres miracles que ceux mentionnés par le Coran, et se contentaient de mettre en valeur les mérites que Dieu lui a accordés. Il n'était pour eux qu'un simple mortel, sur qui la Révélation était descendue. Comment donc attribuer aux saints patrons des actes dont le Prophète lui-même n'avait pas accompli la moitié ?

> Dis : « Je ne vous dis pas disposer des réserves de Dieu, non plus que connaître le mystère [...]» (VI, 50).
>
> Dis : « Je ne m'arroge personnellement ni avantage ni dommage, sinon ce que Dieu voudra. Si j'avais connaissance du mystère, j'abonderais en bien, nul mal ne m'affleurerait [...]» (VII, 188).
>
> Les dénégateurs disent : « Que n'est descendu sur lui un signe de son Seigneur ? » Or tu n'es ici que pour donner l'alarme, puisque tout peuple doit avoir un guide (XIII, 7).
>
> « Nous ne t'en croirons, disent-ils, que si tu fais jaillir pour nous du terroir une source puissante
>
> ou si tu possédais un jardin de palmiers et de vignes, et que tu fisses jaillir au travers des ruisseaux jaillissants
>
> ou tomber sur nous le ciel, comme tu l'as prétendu, par pans entiers, ou si tu nous amenais Dieu et les anges par légions
>
> ou si tu possédais une maison ornée d'enjolivures, ou si tu escaladais le ciel : encore ne croirions-nous à ton escalade que si tu en ramenais un écrit que nous autres puissions lire ». Dis : « A la transcendance de mon Seigneur ne plaise ! Suis-je autre chose qu'un envoyé humain ? » (XVII, 90-93).

Le premier obstacle — l'interdit islamique du culte des saints — a été complètement ignoré par les musulmans : on l'a contourné sans jamais l'éliminer, tandis que la plupart des oulémas préféraient fermer les yeux, tant que le culte ne prenait pas des proportions telles qu'il remît en cause de manière trop voyante le dogme de l'unicité divine. D'aussi grands esprits qu'Avicenne, Ghazâlî et Ibn Khaldoun ont admis le culte des saints. D'autres, certes — les mu'tazilites, leurs adversaires hanbalites, puis wahhabites —, ont combattu cette innovation (et d'autres reliquats de paganisme), notamment en citant ce mot qu'aurait eu 'Umar ibn al-Khattâb devant la Ka'ba : « Je sais bien, par Dieu, que tu n'es qu'une pierre, tu ne donnes ni avantage ni dommage, et quand bien même j'aurais vu l'Envoyé de Dieu t'embrasser, je ne l'aurais pas fait. » Autant en emporte le vent... Il s'est même trouvé des conteurs pour récupérer ce dernier récit en lui donnant une suite : 'Umar aurait aussitôt regretté ses paroles, et aurait pleuré lorsque 'Alî ibn Abî Tâlib lui eut fait voir son erreur et lui eut expliqué pourquoi la pierre de la Ka'ba est sacrée !

Les musulmans ont également réussi à éliminer le second obstacle avec un succès remarquable. On ne pouvait pas attribuer de miracles aux saints sans modifier la conception islamique de la Prophétie. De plus, il y avait quelque malséance à parler de « prodiges » des saints plus grands que ceux du Prophète : il fallait préserver la prééminence de ce dernier. Pour tourner la difficulté, il a suffi d'attribuer au Prophète des miracles par dizaines : d'un plat de dattes séchées, il nourrit une armée ; fichant une lance dans le sable du désert, il en fait jaillir une source ; il guérit un Compagnon d'une ophtalmie en crachant dans ses yeux... Chaque fois qu'un nouveau miracle était attribué à un saint, suscitant l'opposition des oulémas, on attribuait au Prophète un miracle plus impressionnant encore. Un exemple, tiré de *Târîkh al-khamîs* d'al-Diyâr Bakrî:

> On rapporte, sur l'autorité d'Asmâ' bint 'Umays [l'épouse de Ja'far ibn Abî Tâlib], que la Révélation descendit sur le Prophète à Khaybar, tandis qu'il reposait sa tête sur le giron de 'Alî, qui ne put faire la prière de l'après-midi avant le coucher du soleil. « As-tu prié, 'Alî ? s'enquit le Prophète. — Non, répondit 'Alî. — O Seigneur, invoqua Muhammad, si Toi et Ton envoyé en ont le pouvoir, ramène-lui le soleil. » Asmâ' ajoute : « J'ai vu alors poindre de nouveau le soleil qui venait de se coucher. » Il s'agit là d'un hadith transmis de manière constante, et par des autorités.

A partir de là, il fallut bientôt, par bienséance là aussi, attribuer de semblables pouvoirs aux Compagnons les plus prestigieux, toujours pour faciliter le culte des saints. Voici un autre récit tiré de Diyâr Bakrî, à propos de la conquête de l'oasis de Khaybar :

> 'Alî ibn Abî Tâlib saisit la porte de fer du fort de Khaybar, l'arracha de ses gonds et s'en fit un bouclier qu'il garda fermement en main tandis qu'il combattait. Puis, la mettant sur son dos, il en fit un pont-levis par lequel les musulmans pénétrèrent dans le fort. Quand tout fut fini, il s'en débarrassa et l'envoya quatre-vingts empans plus loin. « Je me suis trouvé en compagnie de sept autres hommes à essayer de la renverser, en vain. » (Récit d'Abû Râfi'.) «'Alî arracha de ses gonds la porte de Khaybar, et il ne fallut pas moins de soixante-dix hommes [sept dans la relation d'Ibn Ishâq] pour la déplacer » (*Mawâhib laduniyya.*) «'Alî arracha à mains nues la porte de Khaybar et dit ensuite : " Je ne l'ai pas arrachée par ma force physique, mais par une force divine."» (*Sharh al-Mawâqif.*)

Où l'on tente de donner un fondement religieux aux prodiges des saints

Dès lors que ces miracles avaient trouvé place dans les livres, les sermons et les cœurs, le pont tant attendu était érigé au-dessus de l'abîme qui sépare le divin de l'humain, et la voie était libre pour attribuer des miracles à des hommes appelés saints, *awliyâ'* : vocable utilisé par le Coran en référence aux croyants les plus pieux, les plus *proches* (sens premier de *walî*) de Dieu, mais sans la moindre allusion à leurs pseudo-pouvoirs surnaturels :

> Si ce n'est les rapprochés de Dieu : point de crainte à se faire pour eux, non plus qu'ils n'auront deuil
> ceux qui ont cru et se prémunissaient (X, 62,63).

Les oulémas ont cru pouvoir trouver dans le Coran de quoi étayer les prodiges des saints. Ainsi, la sourate *La famille de 'Imrân* évoque la nourriture que Dieu donnait à Marie dans le Temple :

> [...] Chaque fois que [Zacharie] allait la voir dans le Saint des saints, il trouvait auprès d'elle une attribution. Il dit : « O Marie, d'où cela te vient-il ? — Cela vient de Dieu », dit-elle
> — Dieu attribue à qui Il veut sans compter (III, 37).

On mit aussi à contribution l'histoire de la personne anonyme qui apporta à Salomon le trône de la reine de Saba « avant qu'[il] n'ait cillé » (XXVII, 40). Ni Marie, ni ce compagnon de Salomon, n'étaient des prophètes : c'est donc que Dieu pouvait permettre à d'autres qu'à ces derniers des « prodiges » tout à fait similaires aux miracles.

Car, par respect pour les Prophètes, on a pris soin d'appeler les exploits des saints non pas « miracles » (*mu'jiza*) ou « signes » (*âya*), réservés aux premiers, mais « prodiges » (*karâma*) ou « bienfaits » (*baraka*). Prodige et miracle sont de même nature : c'est une chose extraordinaire. Ils ne diffèrent que par leur objet : par le miracle, Dieu veut montrer la véracité des allégations de Ses envoyés ; le prodige, lui, n'est pas lié à la prophétie, et ne relève pas du défi lancé aux incrédules. Mais il diffère aussi de « l'aide » (*ma'ûna*), que le croyant peut, en dehors de toute expérience religieuse particulière, recevoir de Dieu, ou du « signe avant-coureur » (*irhâs*), miracle par lequel Dieu fait sentir au futur prophète qu'un jour viendra où il aura la charge de la prophétie. Le saint peut ignorer son pouvoir d'accomplir des prodiges, le prophète, lui, en est nécessairement conscient. Le saint doit dissimuler ses prodiges, les minimiser autant que faire se peut, les prendre comme un choix fait par eux et non comme un don de Dieu. Le prophète doit au contraire montrer ses miracles au grand jour et en tenir informé son peuple, du fait de leur valeur d'exemple.

En pratique, les prodiges des saints, tels qu'ils sont rapportés par la littérature écrite et orale, ne l'ont à aucun moment cédé aux miracles des prophètes. En voici quelques exemples, tirés du *Kashf al-mahjûb* de Hujwîrî.

> [Mâlik ibn Dînâr] s'était embarqué en bateau avec d'autres passagers. Une pierre précieuse disparut, qu'on l'accusa d'avoir volée. Il leva la tête au ciel [implorant Dieu]. Aussitôt, tout ce que la mer compte de poissons apparut à la surface, chaque poisson tenant dans sa bouche une pierre précieuse. Mâlik en prit une seule, la donna aux passagers, puis il descendit sur l'eau et marcha sans difficulté jusqu'au rivage.

Quant à Dhû l-Nûn al-Misrî,

> les Égyptiens, qu'il laissait tous perplexes, le rejetèrent de son vivant, et ne comprirent sa grandeur qu'après sa mort. Cette nuit-là, soixante-dix hommes eurent en songe la visite du Prophète qui leur dit : « Dhû l-nûn l'aimé de Dieu a décidé de venir, et je suis venu à sa rencontre. » Quand il mourut, ces mots apparurent sur son front : *Ci-gît l'aimé de Dieu, mort dans l'amour de Dieu, tué par Dieu.* A ses funérailles, les oiseaux du ciel se rassemblèrent pour lui faire de l'ombre. Les Égyptiens, ébahis, se repentirent alors de l'ostracisme dans lequel ils l'avaient tenu.
>
> On rapporte, sur l'autorité de Muhammad ibn 'Umar al-Warrâq que [Dhû l-Nûn] donna un jour un cahier à l'un de ses disciples en lui ordonnant de le jeter à la mer. L'élève alla cacher le cahier chez lui, et revint dire à son maître qu'il l'avait jeté. « Qu'as-tu vu ? lui demanda-t-il.— Rien, dit le disciple. — Tu ne l'as donc pas jeté. Retourne le jeter à la mer. » Le disciple alla jeter le cahier à la mer. Aussitôt, elle s'ouvrit de part en part pour laisser voir un coffre ouvert. Le cahier tomba dedans, et le coffre se referma. Il vint ensuite raconter à son maître ce qui s'était passé, et lui demanda de le lui expliquer. « J'ai écrit un livre très difficile, dit Dhû l-Nûn, sur les *usûl* et le *tahqîq*. Mon frère al-Khidr, Dieu le salue, me l'a demandé, et Dieu a commandé à la mer de le lui faire parvenir. »

Enfin, à propos de Abû l-'Abbâs al-Qassâb :

> On rapporte qu'un jeune garçon passait, tenant par la bride un chameau lourdement chargé, lorsque, soudain, le chameau glissa et se brisa la jambe. Le garçon appela au secours. On accourut. Abû l-'Abbâs passait par là ; apprenant ce qui s'était passé, il saisit la bride du chameau, la leva au ciel et s'écria : — O Dieu ! Soigne ce chameau. Et si Tu ne veux pas le guérir, pourquoi me brûles-Tu le cœur des larmes de ce garçon ? » A ces mots, le chameau se releva et se mit à marcher droit, entièrement guéri.

La réinterprétation musulmane des croyances païennes

L'invention du culte des saints a fourni aux peuples musulmans le moyen idéal pour introduire dans l'islam, en leur donnant une interprétation plus ou moins admissible par lui, les croyances païennes issues de leurs anciennes religions et dont ils ne voulaient ou ne pouvaient pas se séparer. De leur côté, les oulémas et les autorités politiques ont très tôt admis qu'il valait mieux, pour assurer la diffusion de l'islam, faire une place en son sein aux réminiscences païennes locales plutôt que de les attaquer de front. Les peuples conquis et islamisés conservèrent ainsi leurs sanctuaires, lieux de pèlerinage et usages païens, mais dans un cadre musulman. Les Iraniens ont continué à fêter le Novroûz (le nouvel an) en prétendant que c'était le jour où Muhammad avait désigné 'Alî comme son successeur (*cf.* chap. suivant). Lorsque le second calife 'abbâside al-Mansûr voulut réutiliser des pierres des ruines de Persépolis pour construire sa capitale, son vizir iranien Khâlid ibn Barmak protesta en arguant du fait que 'Alî s'en était servi d'oratoire. Dans la mythologie persane (comme dans la mythologie grecque), le rougeoiement du soleil couchant était interprété comme le sang s'écoulant d'une blessure faite à un dieu : les musulmans iraniens dirent que c'était le sang de Hussein, le fils de 'Alî, et qu'avant son martyre le ciel ne se teintait pas de rouge au crépuscule !

Avant l'islam, les Arabes vénéraient les reliques de leurs héros et de leurs champions. Après, ils ont voué la même vénération aux reliques du Prophète, puis des saints, convaincus de leur pouvoir bienfaisant. Khâlid ibn Wâlid, avant chaque campagne, plaçait bien en vue sur sa capuche une mèche de cheveux du Prophète, à laquelle il attribuait sa victoire.

« Khâlid, rapporte Wâqidî, n'a combattu personne que Dieu le Très-Haut n'ait vaincu. Durant la bataille de Yarmouk, sa capuche tomba. — Ma capuche ! Ma capuche !, s'écria-t-il. On lui demanda pourquoi il la réclamait si fort en pleine bataille. — Il y a dedans une mèche de cheveux du Prophète, dit-il. Chaque fois que j'affronte un ennemi et qu'elle est avec moi, il s'enfuit. » Le Compagnon Anas ibn Mâlik, mourant, ordonna à ses familiers de placer sous sa langue un cheveu du Prophète, puis demanda à Mu'âwiya ibn Abî Sufyân qu'on lui fît un linceul d'un vêtement qui lui avait été offert par le Prophète, et qu'on mît d'autres cheveux dans sa bouche, ses oreilles et ses narines, dans l'espoir qu'ils contribuent à alléger son compte au jour du Jugement dernier. Plus tard, la mante et le bâton du Prophète devinrent les emblèmes du califat. Au fil du temps, ces reliques furent de plus en plus vénérées, et de plus en plus nombreuses : on en trouvait sans cesse de nouvelles ! Le voyageur 'Abd al-Ghanî al-Nâbulsî évoque sa rencontre avec un ouléma indien qui lui dit qu'en Inde les cheveux du Prophète abondent, se déplacent tout seuls et se multiplient !

La pérennisation des anciens lieux sacrés

Dès l'aube de l'islam, certains sites faisaient l'objet d'un culte particulier : ainsi de l'arbre sous lequel les Compagnons prêtèrent allégeance à Muhammad (*bay'at al-radwân*). Mais c'est sous les 'Abbâsides que ce type de culte prit une réelle ampleur et que le goût pour les visites aux tombeaux des saints se développa. La maison natale du Prophète, normalement habitée sous les Omayyades, fut rachetée par al-Khayzurân, la mère du calife Hârûn al-Rashîd, et transformée en mosquée. Ces sanctuaires, que l'on rattachait au Prophète ou à un membre de sa famille, n'avaient en réalité aucun rapport avec leur prétendu éponyme. C'étaient, dès avant l'islam, des lieux sacrés. Plus tard, quantité d'anciens lieux de culte païens seront reconvertis en tombeaux de saints musulmans.

Ainsi, il y a, dans les environs de Damas, un lieu saint dont on prétend qu'il abrite la tombe d'un saint qu'on appelle le shaykh Hilâl, trace d'un ancien culte lunaire (*hilâl* signifie « croissant de lune ») ! Le géographe Yâqût rapporte, dans le *Mu'jam al-buldân*, qu'il y a, au pied de la montagne qui domine Alep, un ancien ermitage dont les chrétiens vénéraient les ruines. Les musulmans en ont fait un sanctuaire musulman et affirment qu'al-Husayn ibn 'Alî y a été vu un jour priant. Au Liban cette fois, près de Tyr, se trouve la tombe d'un certain shaykh Ma'shûq (« amant »), relique, à n'en pas douter, de la légende phénicienne d'Adonis, « amant » d'Aphrodite. En Palestine, à Naplouse, on vénère de longue date une colonne (*'amûd*) de pierre que les musulmans appellent « la tombe du shaykh 'Amûd » ! En Inde, de nombreux sanctuaires contenant des reliques de saints bouddhistes se sont transformés, à la faveur de l'islamisation, en reliques de 'Alî ibn Abî Tâlib ou d'un de ses descendants.

Le culte des arbres, connu de toute antiquité, n'a pas non plus été remis en cause par l'islam : l'arbre sacré est désormais censé se trouver à côté de la tombe d'un saint musulman, ou être habité par son esprit. Il est souvent interdit de couper les arbres voisins de la tombe d'un saint, et celui qui y touche encourt la disgrâce et les pires malheurs. Dans les *Khitat Tawfiqiyya*, 'Alî Pacha Mubârak mentionne de nombreux arbres qui, d'après les habitants du lieu, seraient habités par les âmes de saints anonymes, ou d'une sainte qu'ils appellent de façon transparente la « cheikhesse Verdure » (*al-shaykha Khadra*). De la même façon, il y avait près de Damas un vieil olivier sacré qu'on appelait « Dame Olive » (*al-sitt Zaytûn*) : les femmes venaient y demander fécondité, amour du mari et malheur à ses autres épouses, et un derviche y faisait l'aumône et priait pour les visiteurs.

Les saints musulmans ne sont donc pas nécessairement des personnages historiques, et les auteurs des légendes les concernant n'ont généralement pas fait l'effort de situer leur vie dans un cadre historique plausible. Quant au croyant ordinaire, il a naturellement toujours eu tendance à surenchérir : si tel auteur prétend que les Fatimides ont apporté la tête de Husayn au Caire, la croyance populaire affirme qu'en fait, lorsque ce dernier a été décapité à Kerbalâ', sa tête a roulé jusqu'en Égypte (*via* la mer Rouge) ! Il a suffi, lorsqu'on voulait insérer des croyances païennes dans l'islam, d'islamiser le nom de l'objet du culte ancien, en le faisant précéder du titre adéquat — *sayyid*, *shaykh* ou *walî*.

Dans ses *Khitat*, l'historien égyptien al-Maqrîzî écrit :

> Il y a, dans Zuqâq al-Mazâr [l'Allée du sanctuaire] un tombeau dont le peuple et les gens de peu de savoir disent qu'il abrite Yahyâ ibn 'Uqab, le précepteur d'al-Husayn ibn 'Alî ibn Abî

> Tâlib, ce qui n'est que mensonge et invention. Ils prétendent aussi que le tombeau qui se trouve dans le quartier Bergwân est celui de Ja'far al-Sâdiq, qu'un autre est celui d'Abû Turâb al-Nakhshî, et que celui qu'on laisse à gauche en sortant par Bâb al-Hadîd du côté de Zuwayla abrite le Compagnon Zâri' al-Nawâ [le semeur de graines], et autres mensonges par lesquels leurs satans leur donnent des bétyles dont ils tirent gloire.

Ce commentaire final fait allusion aux versets 81-83 de la sourate XIX, « Marie » (« Ils se donnent en place de Dieu des dieux, pour s'en renforcer. Non pas ! ceux-ci renieront leur adoration et leur porteront contradiction... Ne vois-tu pas que nous envoyâmes les satans sur les dénégateurs pour les plonger dans la perturbation ! »). Maqrîzî poursuit :

> L'engouement pour les deux sites du quartier Bergwân [les tombeaux dits d'Abû Turâb et Ja'far al-Sâdiq] est considérable. Ils sont devenus comme les bétyles que se donnaient les polythéistes arabes. Le peuple crédule et les femmes [remarquez le lien fait, chez Maqrîzî comme chez Bîrûnî, entre le bas peuple et les femmes ! — H.A.] y ont recours dans les moments difficiles. Ils viennent là se faire soulager de peines et d'affres dont seul Dieu leur Seigneur peut soulager Ses serviteurs, demander l'accomplissement d'une promesse, la naissance d'un enfant et d'autres choses du même ordre, qui sont dans le seul pouvoir de Dieu le Très-haut. Ils y apportent des offrandes, de l'huile par exemple, dont ils croient qu'elles les mettront à l'abri des désagréments et leur apporteront des avantages.

Cela étant, sur le lieu de l'ancien sanctuaire d'Abû Turâb, peut-être appelé ainsi parce qu'entouré de terre [*turâb*], comme le dit Maqrîzî, se tient aujourd'hui la mosquée du shaykh al-Atribî [*atriba* est le pluriel de *turâb*] !

Les saints patrons en Égypte

Les Égyptiens poussent le culte des saints particulièrement loin. Les historiens de l'Égypte ont depuis longtemps remarqué comment les dieux des Égyptiens anciens s'étaient transformés en saints chrétiens, puis ceux-ci en saints musulmans, sans que changent le lieu du culte, et même parfois les rites, confirmant l'intuition de Renan selon laquelle, depuis l'aube des temps, les hommes pratiquent les cultes religieux sur les mêmes lieux.

Maspero, par exemple, note que plusieurs rituels de la fête

(*mawlid*) du saint patron de la ville d'Akhmîm, en Haute-Égypte, sont tout à fait semblables à ceux que pratiquaient, au même endroit, les Égyptiens anciens. De même, les voyageurs européens signalent des similarités entre le comportement des femmes qui visitent la tombe du *sayyid* al-Badawî à Tantâ, pendant sa fête, et la procession de leurs ancêtres, décrite par Hérodote, à Boubastis (aujourd'hui Tell Besta, dans le Delta). Pendant cette fête, les gens prennent d'assaut un âne, mené par les derviches de la confrérie des Shennâwiyya jusqu'à la tombe du saint, pour lui arracher des poils dont ils se font des amulettes. Les anciens Égyptiens avaient exactement le même rituel.

Il y a probablement un lien entre le pèlerinage aux sanctuaires de Tantâ et celui de leurs ancêtres à Boubastis, ou celui des anciens Coptes, qui y vénéraient eux aussi un de leurs saints. On sait que Bast, la déesse de Boubastis, était représentée par une femme à tête de chat. Jusqu'à il y a quelques décennies encore, une armée de chats accompagnaient la procession du *Mahmal*, qui chaque année menait les pèlerins égyptiens se rendant à La Mecque. Une personne, dite Abû l-Qitat [l'homme aux chats], était spécialement chargée de s'en occuper. Aujourd'hui encore, les Égyptiens utilisent le mot *bessa*, issu de l'égyptien ancien, pour appeler les chats. Pour justifier la continuité de ces coutumes dans l'islam, la croyance populaire a attribué au Prophète l'amour des chats. Une chatte particulièrement chère à son cœur aurait même mis bas sur ses genoux !

Les Égyptiens anciens se rendaient également en pèlerinage à des sanctuaires à Shatâ, bourg situé près de Damiette, où se tient chaque année, depuis l'islamisation, la fête d'un saint qu'on appelle le shaykh Shatâ!

Avant la conquête arabe, les Égyptiens se rendaient en masse auprès du Sphinx, au moment où le soleil entre dans le Capricorne. Là, ils faisaient brûler des encens spécialement préparés à cette occasion à partir de certaines plantes. Puis ils répétaient trente-trois fois une série d'expressions traditionnelles, qu'ils concluaient par une prière adressée au Sphinx, pour qu'il accède à leur demande. Un siècle au moins après la conquête, ils continuaient, à un certain moment de l'année, d'aller cueillir des plantes aromatiques en prononçant des paroles rituelles ; ils conservaient ensuite ces plantes dans des coffres de couleurs vives, et pensaient qu'elles leur apporteraient bonheur et prospérité.

On retrouve aussi dans le culte des saints musulmans des traces de l'adoration des vipères, connue à Thèbes. Paul Lucas, voyageant en Haute-Égypte en 1699, constate l'existence du culte d'une vipère à qui l'on attribue des miracles. En 1752, un autre voyageur, Richard Pococke, visite un village près de Gargâ, qui est celui de la vipère sacrée : on vient la voir dans une mosquée où se trouve aussi la tombe d'un saint, le shaykh Harîdî, on lui demande sa bénédiction, on lui sacrifie des animaux, et l'on prétend qu'elle est dans le village depuis l'époque du Prophète, et qu'elle guérit de toutes les maladies tous ceux qui vont la voir. Pococke dit avoir vu de ses yeux les traces de sang et les viscères des animaux sacrifiés devant le seuil de la mosquée. Plus d'un siècle plus tard, 'Alî Mubârak note encore que des groupes importants continuent de se rendre au tombeau de ce shaykh Harîdî, tous les jeudis d'Abîb [onzième mois du calendrier copte, qui correspond à peu près à juillet], et sacrifient des animaux à ce saint dont ils disent qu'il est un « bon génie ».

Le *sayyid* Badawî

C'est sans conteste le saint le plus populaire d'Égypte, loin devant Ibrâhîm al-Dasûqî. Dans les *'Ajâ'ib al-âthâr*, al-Jabartî rapporte que se répandit en Égypte la rumeur que la fin du monde allait arriver le 24 Dhû l-Hijja 1147 (1735). Les gens attendaient cette date avec l'inquiétude que l'on imagine. Quand elle eut passée sans encombre, leurs oulémas leur dirent que Dieu avait accepté, à la dernière minute, l'intercession du *sayyid* Badawî et remis l'Heure à plus tard. Certains croyants, ayant achevé leur prière, se tournaient en direction de la mosquée de Badawî, priaient deux génuflexions supplémentaires avant d'invoquer le saint. Il y a encore, à la mosquée al-Husayn du Caire, un pilier près de la chaire dit « pilier du *sayyid* Badawî », auprès duquel le saint aurait eu coutume de se tenir ou de prier, et qui continue de faire l'objet d'une considération particulière : on vient l'embrasser, lire la Fâtiha et prier à son côté.

Les Égyptiens croient volontiers que ce saint, pourtant d'origine maghrébine, est le protecteur du pays : on l'appelle « proche de Dieu et protecteur du pays ». Un des multiples récits circulant sur son compte rapporte qu'un musulman du nom de Sâlim, tombé aux mains des Croisés, appelait le saint au secours. L'entendant, son geôlier le menaça de le torturer s'il continuait et, pour s'assurer qu'il ne s'évade pas avec l'aide du saint, l'enferma dans un gros coffre, sur lequel il dormait pour plus de sûreté. Une nuit, le prisonnier s'écria de son coffre : « O proche de Dieu, ô Ahmed ! Délivre-moi des mains de ce chrétien ! » Aussitôt, le coffre s'envola, le chrétien par-dessus, avant d'atterrir au petit matin à Kairouan. Là, on l'ouvrit, on en fit sortir le prisonnier et on le délivra de ses liens sous les yeux de son gardien. Ce dernier annonça alors qu'il se convertissait à l'islam, et s'en revint derechef à Tantâ pour visiter le tombeau du *sayyid* Badawî !

En 852/1448, des juristes opposés à ces rites et croyances populaires parvinrent à convaincre le sultan mamlouk al-Zâhir Juqmuq de prendre un décret suspendant les fêtes du *mawlid* du *sayyid* Badawî à Tantâ, mais le décret ne fut suivi d'aucun effet. Mieux, la rumeur se répandit bientôt que tous ceux qui avaient signé la *fatwâ* à l'origine du décret étaient victimes de catastrophes diverses : pour la masse des croyants, c'est Dieu qui les châtiait d'avoir osé s'en prendre au culte de leur saint favori.

Où finit l'islam, où commence le paganisme ?

D'une capitale musulmane à l'autre, les opinions des juristes et oulémas varient finalement peu, et lorsqu'elles divergent, c'est généralement pour une raison autre que leur localisation géographique. Les religions populaires, en revanche, tendent à varier considérablement d'un pays à l'autre, même si l'islam est officiellement leur religion commune. Le croyant ordinaire ne lit pas la littérature des juristes et oulémas, et reste peu influencé par eux ; souvent, il peut outrepasser les limites de la religion sans encourir de blâme ou de sanction. Il est toujours possible de découvrir les restes de croyances religieuses anciennes dans une société donnée, en étudiant notamment les pratiques religieuses en milieu rural et les fêtes populaires propres à cette société, particulièrement lorsque y prennent part les croyants de plusieurs religions, comme c'est le cas en Égypte lors des fêtes du printemps (*shamm an-nasîm*) et de la crue du Nil (*wafâ' al-Nîl*).

Si l'on ajoute à tout cela qu'en Haute-Égypte une croyance

répandue veut que celui qui fait sept fois le tour de la tombe du *shaykh* al-Qenâwî à Qenâ se trouve par là dispensé d'accomplir le pèlerinage à La Mecque, que cette idée a été appuyée à diverses reprises par des juristes soucieux d'éviter à leurs ouailles de s'engager dans des frais au-delà de leurs moyens, et qu'enfin on sait que ce *shaykh* n'a probablement jamais existé et que son " tombeau " se dresse sur les ruines d'un temple consacré à un dieu de l'ancienne Égypte, on aboutit à cette étrange conclusion : la religion populaire a remplacé un des cinq piliers de l'islam par un rituel purement païen qui remonte au temps des pharaons !

C'est ainsi que les peuples conquis sont parvenus à tromper les conquérants et à plier à leur mesure la religion que ces derniers avaient apportée avec eux. Les conquérants obligeaient ceux qui conservaient leur religion ancienne à payer la capitation (*jizya*) et leur interdisaient l'accès aux hautes charges de l'État. Comment éviter ces inconvénients, tout en conservant les croyances anciennes ? En embrassant la religion nouvelle et en y introduisant ces croyances. Les gouvernants ont fermé les yeux sur ce syncrétisme, les oulémas ont laissé faire, et le peuple a ainsi gagné — ou cru gagner — le bonheur dans ce monde et la rétribution dans l'autre.

7

L'origine socio-politique des sectes musulmanes

> Le cœur est comme l'eau : sur lui s'agitent les passions comme écume sur la vague.
>
> ABÛL-'ALÂ AL-MA'ARRÎ

> Si les hommes savaient tout ce qu'il y a de passions dans la théologie, ils la fuiraient comme la peste.
>
> AL-SHÂFI'Î

Rien ne montre mieux à quel point la nouvelle prédication avait marqué les contemporains du Prophète et transformé radicalement leurs valeurs et leurs mentalités que l'attitude des tribus arabes qui, à la mort du Prophète, ont refusé de reconnaître l'autorité de son successeur Abû Bakr. Il est significatif que ces tribus aient dans le même temps jugé nécessaire d'apostasier l'islam, tandis que plusieurs de leurs chefs se présentaient comme des prophètes ayant reçu de Dieu l'ordre de se révolter. Autrement dit, une rébellion politique, mue par des considérations strictement profanes, sociales et politiques, s'exprimait à travers le registre religieux.

C'est que l'islam, dans sa forme originelle, ne distinguait pas entre autorités civile et religieuse, entre loi civile et loi religieuse. La communauté des croyants, *umma*, était tout uniment politique et religieuse : le Prophète avait fondé en même temps une religion et un État nouveaux, qu'il incombait à ses successeurs, les califes, de défendre et de consolider. L'institution califale devait protéger la *sharî'a*, qui avait pour objet d'organiser l'ensemble de la vie humaine dans son double aspect social et individuel. La relation entre la *umma* et l'*imâm*, c'est-à-dire son guide (remarquez que les deux mots sont issus de la même racine), est donc indissolublement politique et religieuse, profondément différente des relations politiques telles que nous les connaissons aujourd'hui.

Le mouvement d'apostasie (*ridda*) qui suit immédiatement la mort de Muhammad n'était que le premier de ce qui allait devenir une constante de l'histoire islamique : à savoir que la contestation politique y est étroitement associée à la pensée religieuse. Dans l'esprit de leurs protagonistes, ces mouvements de contestation n'ont d'autre fondement que religieux : ils n'ont d'autre intention que de délivrer la Communauté d'une autorité que Dieu n'agrée pas, de la ramener sur la voie de la religion vraie. L'autorité politique sous laquelle telle ou telle fraction de la société voit ses intérêts menacés ou son identité collective ébranlée est considérée comme impie, et le paradis est promis à celui qui offre sa vie pour la renverser.

On a trop souvent présenté les schismes de l'islam sous le seul angle religieux. Le recours au langage religieux ne doit pas nous cacher les conflits politiques et sociaux qui le soustendent. Voyons, à travers quelques exemples, comment s'articulent les dimensions politique et religieuse.

Les khârijites

Les khârijites sont, au départ, un groupe dissident de l'armée de 'Alî ibn Abî Tâlib, à qui ils ont reproché d'avoir accepté le principe de l'arbitrage dans le conflit qui l'opposait à Mu'âwiya. La doctrine khârijite repose sur l'idée que les affaires de la communauté musulmane ne peuvent être traitées que sur la base d'un total respect des commandements coraniques : pour eux, « il n'y a d'autorité que celle de Dieu » (*lâ hukm illâ lillâh*). Les plus radicaux iront jusqu'à se proclamer les seuls vrais musulmans, tous les autres étant voués à l'enfer et pouvant être légalement tués ou dépouillés de leurs biens.

Les khârijites vivaient en bandes de quelques dizaines à quelques centaines d'hommes, campant aux abords d'une ville ou d'une route commerciale et vivant du butin que leur procuraient leurs raids contre les proches agglomérations et les caravanes de passage. Il ne semble pas, d'après les sources, que le facteur économique ait joué un rôle déterminant dans les premières révoltes khârijites : ces groupes n'étaient pas particulièrement lésés dans la répartition des richesses. Plus important semble avoir été, d'après ces mêmes sources, le facteur tribal : les premiers kharijites appartenaient souvent à des tribus bédouines particulièrement belliqueuses comme les Tamîm[1], qui avant l'islam vivaient des butins que leur procuraient leurs razzias sur les caravanes. L'islam, substituant au tribalisme la fraternité religieuse, interdisait au musulman de faire couler le sang d'un autre musulman. En même temps, il canalisait vers l'extérieur le goût des bédouins pour les razzias : les guerres de conquête leur permirent à la fois d'exprimer la sincérité de leur foi et d'assouvir leur soif de butin. Toutefois, une minorité ne se satisfaisait pas de cette organisation nouvelle qui restreignait considérablement sa liberté traditionnelle, et n'admettait pas de devoir retourner, après la conquête ou la bataille, non pas au désert, mais aux campements et aux villes de garnison comme Bassorah, où ces guerriers se sentaient comme des lions en cage.

Ces hommes ressentaient un besoin irrépressible de revenir à la vie communautaire du groupe, soudé par une solidarité totale face aux aléas du désert. Ils appartenaient généralement aux tribus où cette solidarité du groupe prime toute autre considération et suffit à elle seule à donner un sens ou un but à l'individu. Mais ils étaient désormais musulmans, et il leur fallait fonder ce besoin ancien dans l'islam, il leur fallait se convaincre qu'en l'assouvissant ils ne faisaient que marquer leur attachement aux commandements de la religion nouvelle, dussent-ils pour cela mourir en martyrs. C'est pourquoi ils rejetèrent l'autorité politique, la déclarèrent infidèle à l'islam,

1. « Les Tamîm traitaient les villes comme des nomades traitent des sédentaires : ils harcelaient leurs habitants et les enlevaient pour obtenir en échange une rançon. [...] Ils furent parmi les premiers à apostasier à la mort du Prophète, et eurent un rôle majeur dans les guerres d'apostasie, avec notamment la devineresse Sajâh. Une campagne de Khâlid ibn al-Walîd les ramena à l'islam. Ils trouvèrent alors dans les guerres de conquête un exutoire à leur goût pour le combat. Purs bédouins, les Tamîm avaient une disposition naturelle pour la rébellion. On les retrouve dans toutes les révoltes de l'époque ummayyade. Leur soutien aux khârijites était total. C'est parmi eux que surgirent les khârijites les plus extrémistes, tel Qotrî ibn al-Fuja'a, chef des Azraqites, dont la plupart provenaient de Tamîm. » (*Encyclopédie de l'Islam*, 1re éd., article « Tamîm »)

puis abandonnèrent les villes abhorrées, désormais qualifiées de « demeure de la guerre » (*dâr al-harb*). Ils renouèrent alors avec les razzias et pillages d'avant l'islam, en s'imaginant que c'était en cela que consistait le *jihâd*, et s'autoproclamèrent « gens du paradis » (*ahl al-janna*) !

Les shî'ites

Le shî'isme est l'exact opposé du khârijisme. La doctrine shî'ite repose sur l'idée que la branche muhammadienne du clan hâshimite est dotée de forces divines qui se sont révélées dans la personne du Prophète, puis transmises aux générations ultérieures de sa lignée. L'imamat, direction politique et spirituelle de la Communauté, ne doit pas sortir de la descendance du Prophète. Il est de plus entouré d'une auréole de sainteté les commandements de l'imam émanent de ceux de Dieu, et sa volonté, également d'essence divine, ne peut être contestée.

La prédication shî'ite n'est pas née en Iran, comme l'avait cru Dozy, mais dans les tribus de l'Arabie du Sud (Nahd, Kharîf, Thawr, Shâkir et Shabâm). Ce n'est que plus tard qu'elle gagna les non-Arabes convertis à l'islam (*mawâlî*), notamment iraniens. Ces tribus avaient, avant l'islam, développé une conception plus ou moins théocratique de l'autorité politique : elles considéraient leurs rois comme des personnages sacrés, descendants d'une lignée de dieux, et établissaient une relation entre leur foi en eux et le salut et la gloire de leur État. La notion de *shûrâ*, c'est-à-dire le choix collectif du chef de la communauté par un corps de « grands électeurs », notion courante chez les autres Arabes, leur était totalement étrangère. Pour ces tribus, le pouvoir devait se transmettre héréditairement. Et Muhammad n'ayant pas laissé d'héritier direct, c'était à 'Alî, son gendre et cousin, et après lui à sa descendance, qu'il revenait de lui succéder, tous les autres califes étant des usurpateurs à qui ils ne devaient pas obéissance.

Autrement dit, dans le khârijisme, la Umma ne peut tomber d'accord sur une erreur, mais son chef peut s'écarter du droit chemin. Inversement, dans le shî'isme, l'imam, descendant du Prophète et à ce titre touché par le souffle de Dieu, est infaillible. La communauté des croyants, à l'inverse, n'est jamais à l'abri de l'erreur, et l'autorité qui en émane ne peut être juste si elle n'est pas dévolue à l'imam. L'imamat est donc au centre de la doctrine shî'ite : lui obéir inconditionnellement est le devoir suprême, et celui qui accomplit ce devoir est en droit d'interpréter de manière symbolique tous les autres commandements et devoirs religieux, voire de les outrepasser.

Le shî'isme est né en Irak, dans les villes-garnisons de Basra et de Kûfa qui avaient soutenu 'Alî dans le conflit l'opposant à Mu'awîya. Par la suite, il est resté associé à l'Irak et à son arrière-pays iranien, pour deux raisons essentielles. D'une part, il se nourrissait de la forte tradition théocratique locale : l'empereur sassanide était l'incarnation du souffle divin, transmis de père en fils dans la lignée royale. D'autre part, il permettait aux *mawâlî* (non-Arabes convertis à l'islam) iraniens d'exprimer leur revendication égalitariste, contre le régime omayyade qui les maintenait dans un statut inférieur, par chauvinisme arabe et en contradiction avec les commandements égalitaires du Coran (XLIX, 13 : « Si Nous avons fait de vous des peuples et des tribus, c'est en vue de votre connaissance mutuelle. Le plus digne au regard de Dieu, c'est celui qui se prémunit davantage ») et de la Sunna (« l'Arabe n'a plus de mérite que le non-Arabe qu'en vertu de sa piété », dit un hadith).

S'il y avait bien, dans la mentalité arabe dominante à l'époque de la révélation coranique, un certain égalitarisme, on considérait néanmoins que certaines lignées étaient plus nobles que d'autres, dans la mesure où elles étaient dépositaires de qualités qui se transmettaient de génération en génération (*nasab*). Tout individu appartenant à cette lignée possédait, par sa naissance, ces qualités, ou était prédisposé à les acquérir. Dans le contexte shî'ite, cette conception devenait gênante : l'imam risquait de voir son autorité contestée par d'autres membres de sa lignée — ce qui ne manqua pas de se produire à plusieurs reprises. Le shî'isme a résolu le problème en élaborant la théorie selon laquelle un seul membre de la lignée 'alide est, à un moment donné, titulaire des qualités exceptionnelles rattachées à l'imam, et les transmet au successeur qu'il désigne et à lui seul. C'est ce qui s'est passé, dit la doctrine shî'ite duodécimaine, lorsque Muhammad a désigné 'Alî pour lui succéder, puis lorsque ce dernier a désigné son fils Hasan, et ainsi de suite.

Les duodécimains

L'histoire n'a guère souri aux shî'ites, que ce soit sous les Omayyades ou sous les 'Abbâsides : les révoltes shî'ites ont été écrasées sans pitié par les Omayyades (meurtre d'al-Husayn à Karbalâ', écrasement de la révolte d'al-Mukhtar al-Thaqafî, suivie de la mort de Muhammad ibn al-Hanafiyya, fils de 'Alî mais non de Fâtima). Les espoirs qu'ils avaient mis dans la révolution 'abbâsside (749-750) menée au nom de tous les descendants de la famille du Prophète (*ahl al-bayt*), seront très vite déçus, la lignée 'abbâside (descendant d'al-'Abbâs, oncle du Prophète) confisquant le pouvoir à son profit. A partir du califat d'al-Mutawakkil (847-861), ils sont de plus en plus marginalisés par l'autorité politique, plusieurs de leurs imams sont emprisonnés ou assassinés, seuls ou plus souvent avec des parents proches. Tout cela contribuera à démoraliser les shî'ites, qui doutent de plus en plus de voir un de leurs imams diriger un jour la Communauté des croyants. Ils en viendront progressivement à accepter cet état de fait, et à aménager le dogme de manière à justifier ce quiétisme tout en préservant l'originalité de leur doctrine.

Une étape décisive dans cette direction est franchie vers 874 : à cette date, le onzième imam shî'ite, al-Hasan al-'Askari meurt, et transmet l'imamat à son fils Muhammad, qui disparaît aussitôt après dans des circonstances obscures. Les leaders shî'ites, qui auraient pu lui trouver aisément un successeur, jugent probablement le moment opportun pour un armistice avec le sunnisme. Ils s'abstiennent donc de choisir un nouvel imam, prétendant au pouvoir dont la présence gêne tout le monde, et annoncent à leurs partisans que le douzième imam n'était pas mort mais seulement « occulté », et qu'il reviendra, au moment favorable, sous l'aspect du Mahdî qui les conduira à la victoire et remplira le monde de justice après qu'il a été rempli d'injustice. Face à une situation politique déterminée, le shî'isme a donc réagi en combinant quiétisme et messianisme dans ce qui allait devenir la doctrine duodécimaine (en référence au douzième et dernier imam), qui allait devenir celle de la majorité des shî'ites.

Jabrites et qadarites

Un autre conflit en apparence purement religieux est celui qui a opposé les *jabrites*, partisans d'une doctrine de la prédestination (l'homme n'est pas maître de ses actes, qui sont totalement déterminés par Dieu), aux *qadarites*, partisans du libre arbitre (l'homme est libre d'agir selon sa volonté). Le débat tournait autour de la question de savoir si le cours des choses est entièrement déterminé par Dieu le Créateur, ou si Ses créatures peuvent influer sur lui.

Avant l'islam, les Arabes étaient convaincus que les principaux événements qui rythmaient leur vie étaient régis par une force extérieure à leur volonté, qu'ils appelaient *dahr* (le destin), face à laquelle l'homme était totalement impuissant. Cette croyance était naturelle, de la part d'hommes habitant un désert où leur survie dépendait étroitement d'éléments naturels sur lesquels ils n'avaient pas de prise (le vent, les pluies, les eaux de source et les pâturages...), et qui déterminaient leurs déplacements nomades. Les Mecquois, leurrés par les richesses acquises grâce à leur activité commerciale, avaient progressivement oublié cette idée de destin : le Coran vint leur reprocher leur vanité et leur présomption, et leur rappeler que leur volonté était subordonnée à celle de Dieu, créateur de l'Univers.

L'idée de prédestination demeura donc présente en islam, la volonté divine se substituant à celle du *dahr*, et les premiers musulmans conservèrent l'idée d'une volonté humaine soumise à celle de Dieu. Mais bientôt, les Arabes, et avec eux l'islam, entraient en contact en Irak et en Iran, en Égypte et au Levant, avec des cultures fortement influencées par des philosophies grecques qui font une plus large place au libre arbitre de l'homme. A la faveur de ces contacts et des conversions à l'islam apparurent bientôt des oulémas qui affirmaient que le croyant, même s'il est soumis à Dieu, peut façonner sa vie et influencer sur le cours des choses.

Il suffit de gratter l'écorce de cette querelle théologique pour découvrir ses enjeux politiques. Les califes omayyades, sans arrêt confrontés à des révoltes qui mettaient en cause leur légitimité, cherchèrent très vite à utiliser à leur profit le vieux fond de fatalisme bédouin et sa réinterprétation islamique, en imposant l'idée qu'ils détenaient le califat en vertu de la volonté divine. Se rebeller contre leur autorité, c'est désobéir à

Dieu, défier Sa volonté. La destinée de l'homme est prédéterminée, l'État islamique avance sur la voie tracée par Dieu pour des raisons connues de Lui seul, et les croyants ne doivent pas abhorrer l'autorité que Dieu a choisie pour leur bien commun.

Les adversaires des Omayyades ne pouvaient pas ne pas répondre sur ce même registre religieux. Ils donnèrent donc un fondement islamique à des conceptions plus volontaristes : l'homme peut prendre en main sa destinée ; il n'est pas tenu d'obéir à l'autorité politique lorsque celle-ci désobéit aux commandements divins et se détourne de la voie droite. Mieux, chaque musulman a le devoir de tout mettre en œuvre pour modifier cet état de fait, « avec sa main, sa langue et son cœur », et pour déposer l'autorité qui en est responsable.

Les mu'tazilites et la question du Coran incréé

La polémique entre qadarites et jabrites à peine éteinte, une autre, bien plus violente, prend le relais, qui oppose partisans de la création du Coran à ceux pour qui il existait de toute éternité, et débouchera sur une « épreuve » (*mihna*) comparable par bien des aspects à l'Inquisition chrétienne. On s'étonne de nos jours qu'une divergence d'opinions sur un sujet aussi théorique, sans aucune portée concrète apparente, ait pu déchaîner tant de violences et de haines. En fait, ce déchaînement même est la meilleure preuve que le conflit théologique entre mu'tazilites (défenseurs de la création du Coran) et hanbalites et autres défenseurs de la préexistence du Coran cache un conflit politique grave.

L'idée que le Coran préexiste de toute éternité (c'est-à-dire qu'il est aussi ancien que Dieu et n'a pas été créé) est *a priori* difficile à comprendre, quand on sait que sa révélation s'étale sur vingt-trois années bien définies, qu'il contient des références à des événements bien datés (la bataille de Badr, le mariage de Muhammad avec Zaynab bint Jahsh), et qu'enfin certains versets en ont été « abrogés » ou que Dieu les a « fait oublier » au Prophète pour leur y substituer d'autres, équivalents ou meilleurs. Qu'est-ce qui poussa donc une partie des musulmans à soutenir avec tant de force que le Coran est incréé ? Des orientalistes ont cru y voir une influence de l'idée chrétienne du Christ Verbe de Dieu, incréé. Cela pourrait à la rigueur expliquer que l'idée du Coran incréé figure dans tel ou tel ouvrage, dans la doctrine de tel individu ou de telle école, mais certainement pas la violence de cet affrontement dramatique entre deux camps, qui ne peut être comprise qu'en référence à un contexte politique particulier, que l'on peut résumer comme suit.

Au fur et à mesure que l'État islamique (omayyade puis 'abbâsside) se développait, il faisait appel à une bureaucratie de plus en plus nombreuse de ministres, gouverneurs et hauts fonctionnaires. Les membres de cette élite administrative étaient dans leur majorité des *mawâlî* iraniens. Ceux-ci formaient parfois des quasi-dynasties d'administrateurs, formées parfois bien avant la conquête musulmane, et dont les charges se transmettaient de père en fils. Ces grandes familles se convertissaient à l'islam par souci de préserver leur statut social, et leur foi n'était le plus souvent guère solide, voire sincère. Par tradition et par intérêt, ils étaient partisans d'un renforcement de l'autorité du calife. Le plus sûr moyen d'y parvenir était de dégager le calife de l'obligation de se soumettre aux commandements de la *sharî'a*, et par là même d'échapper au contrôle de leurs concurrents, les juristes et les oulémas.

Ce point de vue était soutenu par des ministres et administrateurs souvent iraniens et/ou shî'ites modérés, tandis que, de l'autre côté, le parti des juristes et des oulémas, insistant sur l'obligation, pour le calife et ses subordonnés, de respecter la Loi religieuse, se posait en défenseur des tendances « démocratiques » de la majorité des Arabes. Le conflit entre ces deux tendances, perceptible dès les premières décennies de l'époque 'abbâside, devint de plus en plus visible : deux fronts s'étaient constitués, un « front autocratique », mené par les Iraniens et les administrateurs, et un « front constitutionnel », mené par les Arabes et les juristes.

Les premiers califes abbassides tentèrent d'atténuer la tension entre les deux partis, de chercher un point d'équilibre entre eux et de s'assurer leur loyauté. Les choses changèrent avec al-Ma'mûn, qui accéda au pouvoir avec l'aide des Iraniens, après avoir éliminé son frère al-Amin et ses partisans arabes. Al-Ma'mûn, proche des idées shî'ites, se tourne vers le front autocratique, partisan du renforcement de l'autorité califale, et trouve dans la doctrine mu'tazilite de la création du Coran l'arme idéologique sur laquelle s'appuyer pour atteindre son objectif. Car si le Coran n'est pas créé mais qu'il est éternel comme Dieu, il est son égal, l'expression parfaite de Sa vérité. Si, au contraire, le Coran n'est que la parole de Dieu, créée par Lui au même titre que les autres créatures, hommes et animaux, végétaux et minéraux, il n'a pas le statut transcendant que les juristes lui accordent, et le calife peut à sa guise suivre ses commandements ou s'en écarter. Cette théorie déstabilisait le front constitutionnel, pour qui le Coran est la constitution définitive de la Communauté des croyants et de son chef, et aboutissait à placer le calife-imam au-dessus de la *sharî'a*.

Al-Ma'mun et ses successeurs al-Mu'taçim et al-Wâthiq soumirent juristes, juges et gouverneurs à la question de la création du Coran, et éliminèrent ceux qui persistaient à déclarer le Coran éternel : certains furent emprisonnés ou fouettés, d'autres limogés. Sous la pression et la torture, la majorité se soumit et adhéra formellement à l'opinion du calife. Ne demeura fermement attaché à la thèse du Coran incréé qu'un petit groupe mené par Ahmad ibn Hanbal. Ce dernier fut flagellé, incarcéré, interdit d'enseignement et de toute activité publique, et il aurait sans doute été condamné à mort par le calife sans le soutien sans faille de l'opinion publique de Bagdad.

Malgré la soumission au pouvoir de la majorité des oulémas, les califes et leurs alliés mu'tazilites n'avaient pas réussi à convaincre. Le mécontentement de l'opinion publique sunnite et la haine des oulémas étaient tels qu'al-Mutawakkil dut céder : il mit un terme à la *mihna* et s'employa à regagner le soutien du front constitutionnel. La dernière tentative de faire du califat islamique un pouvoir théocratique avait échoué.

Druzes, zaydites, et autres sectes isolées

Les collectivités humaines s'attachent souvent à une doctrine religieuse, politique ou économique originale, essentiellement par besoin de se démarquer des collectivités qui les entourent, renforcer leur solidarité interne, et éviter de se fondre dans la masse de voisins plus forts et plus nombreux. Plus forte est cette jalousie particulariste du groupe, plus on verra ses élites surcharger sa religion de doctrines et de rituels originaux, pour écarter toute possibilité de compromis entre la collectivité et ses voisins, l'isoler totalement et renforcer chez ses membres le besoin de solidarité et d'entraide.

Ces tendances particularistes sont davantage marquées chez les habitants de régions isolées, à l'écart des grands courants d'échange. On constate ainsi que le développement de certaines sectes musulmanes est directement lié à leur implantation dans des zones d'accès difficile, où vivent des sociétés fortement autarciques, et notamment des massifs montagneux. Deux sectes issues du shî'isme correspondent bien à cette description : les zaydites au Yémen, et les Druzes dans ce qu'on appelle justement la « montagne druze » (au sud de la Syrie). La doctrine druze divinise le calife fâtimide al-Hâkim (disparu en 411/1021). Il ne serait pas mort, mais aurait disparu sur la grande muraille de Chine, d'où il reviendrait un jour pour répandre la justice sur terre. Sur ces prémices, elle développe une cosmogonie ésotérique qui est restée jusqu'à nos jours inaccessible aux non-Druzes.

8

Comment les religieux musulmans ont perdu leur autorité

> Jadis, plus le croyant approfondissait sa connaissance de la religion, plus il abhorrait le monde et s'en détachait. Aujourd'hui, plus on acquiert de science religieuse, plus on s'attache aux biens de ce monde. On dépensait jadis pour acquérir la science religieuse, on s'enrichit maintenant grâce à elle. On voyait chez le *'âlim* un surplus de richesse intérieure et extérieure, on n'y voit plus que corruption au-dedans et au-dehors.
>
> DHÛ L-NÛN AL-MISRÎ
>
> Le *'âlim* s'immisce entre Dieu et Ses créatures : qu'il le fasse avec circonspection !

Al-Khatîb al-Baghdâdî (dans *Târîkh Baghdâd*) et Tâj al-Dîn al-Subkî (dans *Tabaqât al-Shâfi'iyya al-kubrâ*) citent d'innombrables exemples du prestige dont jouissaient les oulémas à l'âge classique. Lorsqu'un ouléma arrivait dans une ville du Khorassân, rapporte Subkî, les habitants accouraient avec femmes et enfants à sa rencontre pour toucher ses manches et recueillir la terre attachée à ses chaussures, à laquelle ils attribuaient des vertus curatives, les commerçants sortaient leurs marchandises pour les distribuer à la foule, et les femmes pieuses lui jetaient leurs rosaires pour qu'il les touche.

Ibn al-Jawzî estime à un million de personnes la foule qui accompagna les funérailles du grand Ibn Hanbal. « Jamais on n'avait vu, ni avant ni après l'islam, pareil rassemblement, écrit-il. On a compté soixante mille femmes qui se pressaient le long du mur du cimetière. Une partie de la procession a passé la nuit auprès du tombeau. Toutes les maisons étaient endeuillées, excepté les mauvaises. Le jour de sa mort, vingt mille juifs, chrétiens et mazdéens se sont convertis à l'islam. »

Des siècles plus tard, Ahmad Amîn (1886-1954) raconte dans son autobiographie comment il a découvert le peu d'estime dans lequel ses contemporains tenaient le turban du religieux :

> [Lorsque j'ai voulu me marier], le turban s'est mis en travers de mon chemin. Dans de nombreuses maisons, on était favorablement impressionné par mon jeune âge, mon diplôme et ma situation, mais on n'appréciait pas mon turban. C'était à leurs yeux un signe de dévotion, et dévotion rime avec puritanisme, arriération, conservatisme, avarice, et autres qualités rebutantes. [...] Combien de fois m'a-t-on dit qu'on ne voulait pas d'enturbanné pour gendre. Une famille avait accepté de me recevoir [...], la rencontre s'était bien passé, et j'avais compris qu'ils acceptaient de me donner leur fille en mariage. J'appris ensuite que la jeune fille, m'ayant vu quitter la maison, avait pris peur à la vue du turban, de la jubba et du caftan, et qu'en dépit de l'insistance de ses parents, elle refusait catégoriquement de m'épouser.

Puis il explique comment il a décidé d'abandonner le costume religieux :

> J'y ai été encouragé par les multiples tracas engendrés par le port du turban. Les Égyptiens, notamment dans les villes, n'ont qu'un respect superficiel pour le turban. Tout se passe comme si, pour eux, celui qui porte le tarbouche était présumé respectable, et celui qui porte le turban digne de mépris jusqu'à preuve du contraire. Toutes sortes de petits incidents m'ont amené à détester le turban. Tel hôtelier me disait qu'il était complet, puis arrivait un homme en tarbouche pour qui on trouvait de la place. Une autre fois, j'allais prendre le tramway en première classe, quand le contrôleur me montra la deuxième classe en me disant : « C'est ici la première classe ! »

Que s'est-il donc passé entre le siècle d'Ibn Hanbal et celui d'Ahmad Amîn ?

Dans l'islam du commencement, les oulémas ne constituaient pas une corporation individualisée. Les questions religieuses et civiles étaient indissolublement liées, et Dieu avait le dernier mot sur les fonctions et l'organisation de la communauté. La guerre et la juridiction étaient aussi sacrées que la prière. Les mosquées tenaient également lieu de forum public, voire de terrain d'entraînement militaire. La Communauté des croyants était en même temps l'armée, et l'imam qui guidait sa prière, son général.

Par la suite, l'opposition politique au califat omayyade mit la religion au service de son combat. Se prévalant du Coran (III, 104 : « Que de vous se forme une communauté qui appelle au bien, ordonne le convenable, proscrive le blâmable »), elle affirma qu'il est du devoir du musulman de « proscrire le blâmable » par le geste et la parole : il ne suffit pas qu'il se soumette à la volonté divine, il doit en outre agir positivement pour qu'elle s'impose dans la société. On ne peut laisser l'État se corrompre, car la religion oblige l'individu à participer à la vie publique. L'action politique n'est en fait qu'une modalité de l'activité religieuse.

De leur côté, les Omayyades, on l'a vu, ne se privaient pas d'exploiter la religion pour appuyer leur autorité, en rappelant aux croyants leurs devoirs d'obéissance à leurs chefs et de maintien de l'unité de la Communauté, qui figurent explicitement dans le Coran.

Un troisième groupe, enfin, refusait de prendre parti pour les Omayyades ou pour leurs ennemis, estimant que le mieux était encore de se tenir à l'écart des plaies de la politique, considérée comme fauteur de discorde. Ces hommes pieux se consacraient à l'étude et à l'exégèse du Coran, recueillaient les hadiths du Prophète, qu'ils soumettaient à des examens minutieux, et les récits des événements survenus du temps de Muhammad et des quatre premiers califes. Lorsqu'un de ces croyants devenait réputé pour son érudition et la qualité de sa foi, il attirait bientôt autour de lui des groupes d'élèves de tous âges qui venaient étudier autour de lui, dans les mosquées, l'exégèse coranique, la tradition prophétique et l'histoire. C'était là la forme principale d'enseignement dans une société qui ne connaissait pas encore l'institution scolaire ou universitaire.

Cette élite de croyants, que l'on commençait à appeler oulémas (de *'ulamâ'*, pluriel de *'âlim*, « savant »), se situait néanmoins majoritairement dans le camp de l'opposition au califat omayyade. Ils ne se reconnaissaient pas dans le type d'autorité qui présidait aux destinées de la Umma, et jugeaient que les Omayyades n'avaient pas de titre à détenir cette autorité. Le clan omayyade, disaient-ils, a été l'adversaire le plus dangereux du Prophète. Il a embrassé l'islam contraint et forcé, après la prise de La Mecque, a profité de la dynamique des conquêtes, s'est enrichi en usant de son influence auprès du calife 'Uthmân, enfin a exploité son assassinat pour prendre le pouvoir. Bref, les Omayyades sont des usurpateurs qui se sont emparés du pouvoir par la force.

Aussi, quand les 'Abbâsides ont levé l'étendard de la révolte, ces oulémas les ont naturellement soutenus. Et une fois leur pouvoir assuré, les 'Abbâsides les en ont récompensés : ils ont élevé leur statut, les ont invités à leur cour, leur ont confié l'éducation de leurs enfants. Ils ont commencé à désigner les juges parmi eux. Bientôt, tous les juges de l'État étaient des oulémas de formation.

Comment donc cette corporation s'est-elle différenciée des autres croyants ? Il n'y avait toujours pas, au début de l'époque 'abbaside, d'écoles proprement dites : les mosquées demeuraient le lieu privilégié d'acquisition et de transmission des sciences religieuses. Tout au plus, les cercles d'études se diversifiaient au fur et à mesure de la diversification de ces savoirs. La fin des études n'était pas sanctionnée par un examen formel, mais par le jugement des oulémas, qui reconnaissaient ou non leur pair en leur élève. Quiconque se considérait apte à fréquenter le « séminaire » du maître pouvait y assister, suivre les discussions entre oulémas et y prendre part. Ce système suffisait à lui seul à protéger les oulémas des intrus et des ignorants. Assez vite cependant, l'enseignement religieux devint plus organisé, avec une ébauche de spécialisation. Les « juristes », spécialistes du droit islamique (*fiqh*), devinrent alors les maîtres les plus recherchés, car le *fiqh* était la voie conduisant aux positions les plus rémunératrices, et notamment celles de précepteur des enfants de l'élite politique et économique.

Ce rapprochement entre juristes et dirigeants politiques aurait dû contribuer à asseoir le prestige des sciences religieuses auprès de la masse des croyants, à les attirer en nombre croissant vers l'étude du droit. Il aurait dû encourager la classe des juristes à revendiquer, contre les administrateurs laïcs, un rôle plus important dans la conduite des affaires publiques, en faisant valoir l'obligation pour le souverain de se conformer aux commandements de la Loi religieuse, qu'ils étaient par définition les mieux placés pour déterminer.

En fait, c'est le contraire qui se produisit. La vie, la rémunération, les ambitions du *faqîh* étaient désormais entre les mains de ceux qui disposaient du pouvoir de le nommer aux fonctions publiques, à savoir le calife et son administration. Il était désormais reconnu par l'autorité politique comme appartenant à une classe privilégiée, mais, dans le même temps, il ne pouvait accéder aux fonctions auxquelles sa compétence l'autorisait à prétendre que par le bon vouloir du prince. L'inquisition menée par al-Ma'mûn, al-Mu'taçim et al-Wâthiq autour de la question de la création du Coran devait bien montrer que les oulémas n'étaient pas en mesure de résister au pouvoir.

A partir de là, ils se soumirent complètement à leur autorité de tutelle, flattant ses désirs, répondant à ses demandes, se disputant ses faveurs, à la façon des fonctionnaires d'aujourd'hui. Celui qui se montrait soucieux d'agréer Dieu plutôt que le souverain était vilipendé par ses pairs et ne tardait pas à être écarté par le prince et remplacé par un serviteur plus docile. Et si les circonstances devaient parfois permettre aux oulémas de faire front commun contre le pouvoir, ou favoriser l'émergence d'oulémas courageux comme Ibn Hanbal ou Ibn Taymiyya, cela ne fut que l'exception qui confirme la règle. Ibn al-Jawzî écrit à ce propos :

> Un des moyens par lesquels Satan tente les juristes consiste en ce qu'ils fréquentent les princes et sultans, les flattent, se refusent à les dénoncer quand pourtant ils le pourraient, et, pis encore, les autorisent à ce qui ne peut l'être. La corruption est alors triple : corruption du prince, qui dit : « Si je n'avais pas raison, le juriste me désapprouverait, et comment le ferait-il, puisqu'il vit à mes dépens ? » ; corruption de l'homme ordinaire, qui pense : « Puisque le faqîh n'y trouve rien à redire, c'est un bon prince, ses biens sont honnêtement acquis et ses actes sont justes » ; corruption du juriste, enfin. [...] La fréquentation des princes est dangereuse car les meilleures intentions ne manquent pas de s'altérer à leur contact, les libéralités des uns suscitant la cupidité des autres. Les premiers oulémas fuyaient les princes injustes, et ces derniers les appelaient auprès d'eux parce qu'ils avaient besoin de leur caution. Ainsi est apparue une catégorie de gens attachés aux biens de ce monde et versés, par goût du lucre, dans les sciences utiles aux princes. Tel prince aimait entendre les discussions théologiques : on a inventé pour lui la théologie scolastique (kalâm). Tel autre se piquait de fiqh : on lui a servi le raisonnement casuistique. Venait un troisième qui ne jurait que par l'homélie, aussitôt de nombreux lettrés brillaient dans l'art oratoire. « Rencontrant un juriste khorassanien vêtu de soie et paré de bagues en or, je lui demandai ce que signifiait cet accoutrement. — C'est un cadeau du sultan, me dit-il, qui suscite la colère et la jalousie des ennemis.

— Il doit plutôt réjouir les ennemis de l'islam. Les richesses du sultan t'ont détourné de la vraie foi. Dieu vous couvre de honte, toi et tes semblables, chaque fois que vous méprisez Son commandement ! » (Ibn 'Uqayl.)

Sufyân al-Thawrî disait : « Je redoute moins l'humiliation des princes que leur générosité, parce qu'elle risque de me faire incliner vers eux. » L'histoire du juge Abû Yûsuf, un des fondateurs de l'école hanafite, devenu le modèle du juriste de cour, capable de résoudre n'importe quel problème de droit à la satisfaction de son client, est à cet égard emblématique. Grâce à ce que ses admirateurs appelaient sa souplesse et son pragmatisme extraordinaires, Abû Yûsuf parvint à se rendre indispensable au calife Hârûn al-Rashîd. Ce mot qu'on lui attribue résume parfaitement sa personnalité : « Il y a trois bienfaits principaux : l'islam, sans lequel aucun autre bienfait n'est possible ; la santé, sans laquelle la vie n'est pas agréable ; et la richesse, sans laquelle l'existence n'est pas comblée. » Au temps de sa jeunesse démunie, son maître Abû Hanîfa lui aurait prédit : « Ne sois pas affligé, car si Dieu te prête vie, tu mangeras grâce à la science juridique de la pâte d'amande aux pistaches. » Al-Tanûkhî raconte, dans *Nishwâr al Munâdara*, comment Abû Yûsuf entra en relation avec Hârûn al-Rashîd :

Abû Yûsuf était arrivé à Bagdad après la mort d'Abû Hanîfa. Peu après, il advint qu'un général qui s'était dédit d'un serment voulut prendre l'opinion (fatwâ) d'un juriste sur ce parjure. On lui amena Abû Yûsuf, qui conclut qu'il n'y avait pas eu parjure. Le général le paya en espèces, lui offrit une maison près de chez lui et demeura en contact avec lui. [...] Un jour, ce même général se rendit auprès du calife. Le trouvant soucieux, il s'enquit de ce qui n'allait pas. « Un point de religion me tourmente, dit le calife. Amène-moi un juriste, que je prenne son opinion. » Le général lui amena Abû Yûsuf. En entrant dans le palais, celui-ci vit un fils du calife, enfermé dans une pièce, qui lui faisait des signes désespérés. Le faqîh ne comprit pas ce qu'il voulait de lui, et continua son chemin. Arrivé en présence du calife, ce dernier lui demanda : « L'imâm [i.e. le calife] surprend un homme en train de forniquer. Doit-il lui appliquer la peine coranique (hadd) ? »

Abû Yûsuf comprit que l'homme en question était le fils du calife, et que son père n'avait guère envie de lui appliquer la peine coranique. « Non, répondit-il, car le Prophète a dit : "Écartez les peines coraniques en cas de doute." — Où est le doute, s'il y a constat visuel ? demanda le calife. — Le constat visuel ne signifie rien de plus que la connaissance des faits. Or celle-ci ne suffit pas à qualifier la peine coranique, car celle-ci est un droit de Dieu, que l'imâm a la charge d'exécuter. De ce fait, la peine est en quelque sorte un droit de l'imâm, et personne ne peut se faire justice en vertu de sa seule connaissance des faits. La peine coranique ne peut être infligée que s'il y a soit aveu, soit preuve testimoniale. »

Le calife se prosterna en remerciant Dieu, fit remettre à Abû Yûsuf une belle somme d'argent, et le pria de demeurer au palais. Le juriste n'avait pas encore pris congé qu'il reçut un présent du fils coupable, puis un autre de sa mère. A partir de là, l'étoile d'Abû Yûsuf ne cessa de monter, jusqu'au moment où Hârûn al-Rashîd le nomma grand juge (qâdî l-qudât).

La chasse aux prébendes était devenue l'occupation principale de la plupart des juristes. Pour y parvenir, le meilleur moyen était de se rendre indispensable aux politiques, en rendant les *fatwa*-s leur permettant de contourner telle ou telle prescription religieuse, d'imposer une politique impopulaire ou de contrer un ennemi intérieur ou extérieur. Hârûn al-Rashîd, raconte al-Sûlî dans le *Kitâb al-awrâq*, s'abstint de consommer de l'alcool pendant les deux premières années de son califat, tout en laissant ses commensaux boire en sa présence. Un jour, ceux-ci voulurent le faire trinquer avec eux, mais il leur dit qu'il avait fait serment de ne plus jamais boire d'alcool. Ils chargèrent alors un juriste de trouver une dispense le libérant de son serment. Rien de plus simple, dit ce dernier : il suffit qu'il fasse une aumône de mille dinars. Le calife s'exécuta, heureux et reconnaissant, et put de nouveau boire avec ses compagnons.

Dans ces conditions, il n'est pas étonnant que les théologiens aient négligé ce qui aurait dû être leur premier devoir : le développement de la base doctrinale et intellectuelle de l'islam pour l'adapter aux besoins de leurs contemporains. Au lieu de cela, on les voit consacrer le peu d'énergie qu'ils n'ont pas consumé dans la chasse aux prébendes à faire exactement l'inverse : jouant sur l'aversion viscérale des Arabes pour l'innovation (*bid'a*), ils récusent et combattent toute nouveauté — ce qui n'est pas pour déplaire aux hommes de pouvoir, naturellement conservateurs. Pendant près d'un millénaire, l'activité intellectuelle des juristes s'est limitée à la lutte contre la nouveauté ou le progrès, présentés comme un égarement qui mène tout droit à l'enfer, et à des querelles byzantines sur des questions religieuses accessoires, le plus souvent sans portée pratique aucune, si ce n'est de montrer leur ingéniosité et leurs capacités polémiques.

Le résultat est qu'ils se sont coupés de la vie quotidienne des croyants et enfermés dans un univers fermé, inaccessible au profane, qui du coup est allé cherché du côté des soufis la direction spirituelle dont il avait besoin. Prenant acte de cette perte de prestige des oulémas et des juristes auprès du public, les politiques ont à leur tour cessé de s'appuyer exclusivement sur eux et se sont tournés vers les soufis, qui les ont ainsi supplantés en tant que médiateurs privilégiés entre l'autorité politique et les masses.

Telle était la situation à l'aube de l'âge moderne, lorsque s'est abattue sur les oulémas ce qui ne peut être décrit que comme la vengeance divine.

Le vice-roi d'Égypte Muhammad 'Alî, impressionné par la puissance de l'Europe et qui ne pensait pas que l'islam lui fût de quelque utilité, n'avait qu'une obsession : organiser une grande armée qui lui permette de réaliser ses vastes ambitions. On sait qu'il mit au service de cet objectif toutes les institutions et tous les moyens à la disposition de son État. Convaincu de la nécessité de former les cadres de cette armée sur le modèle occidental, Muhammad 'Alî mit en place un système d'enseignement totalement différent de l'enseignement islamique traditionnel, et dont furent maintenus à l'écart les religieux. Ainsi commencèrent à coexister en Égypte, bientôt imitée par d'autres pays musulmans, deux systèmes d'enseignement parallèles : d'un côté, le système traditionnel avec le réseau des écoles coraniques (*kuttâb*) et la mosquée-université d'al-Azhar au Caire ; de l'autre, le système moderne hiérarchisé en écoles primaires, collèges et université, calqué dans son cursus sur le modèle européen, et négligeant presque l'enseignement de la religion et des sciences religieuses — excepté quelques rares cours sans substance, placés çà et là pour la forme, et qui n'avaient aucune influence sur la réussite de l'étudiant.

Les initiateurs de la politique d'enseignement étaient peut-être de bonne foi : dans ce cas, force est de constater qu'ils n'avaient pas la moindre idée sur la manière de concilier l'enseignement islamique et l'enseignement laïc dans les écoles nouvelles. Si l'on suppose qu'ils étaient de mauvaise foi, on rejettera la responsabilité sur le colonisateur étranger, qui manifestait le plus vif intérêt pour les questions d'enseignement, et l'on dira que l'objectif prioritaire de ce dernier était de réduire à néant la place de l'islam dans le cœur des nouvelles générations et de les couper radicalement de tout ce qui les reliait à leur passé, leur religion et leurs coutumes. Quoi qu'il en soit des intentions des uns et des autres, le fait est que c'est cela même qui advint. L'élite issue des écoles nouvelles perdit tout intérêt sérieux pour la culture religieuse. Si certains y revenaient, c'était pour des raisons personnelles ou familiales, jamais grâce à l'enseignement qu'ils avaient reçu, et ils avaient perdu toute envie, et toute capacité, de convaincre leurs coreligionnaires. Le manque d'intérêt impardonnable des nouvelles écoles pour l'enseignement de l'arabe accrut davantage le décalage entre leurs valeurs et un héritage religieux et culturel désormais déconsidéré.

A partir du milieu du XIXe siècle se creuse un fossé sans précédent entre l'enseignement religieux traditionnel et l'enseignement laïc, et corollairement entre les religieux et le reste des croyants, fossé des plus dangereux pour la Umma dans son ensemble. Aujourd'hui plus que jamais, l'acquisition d'une culture religieuse est devenue un moyen de gagner sa vie et non un chemin qui rapproche le croyant de Dieu.

D'un côté, le croyant ordinaire, ayant fréquenté les écoles publiques et ignorant la religion, ne fait aucun cas de ce que peut lui apporter le religieux, comme l'indique l'usage du terme *faqîh* qui ne désigne plus, dans la langue courante, que le maître d'école coranique ou le lecteur du Coran que l'on fait venir aux enterrements. De l'autre, de nombreux leaders politiques musulmans désireux de poursuivre l'occidentalisation sans entrave, ont, suivant l'exemple de Muhammad 'Alî, tout fait pour limiter l'influence des oulémas. Qu'il nous suffise ici de retracer le conflit qui opposa justement Muhammad 'Alî aux oulémas au début de son règne, tel que le rapporte al-Jabartî dans sa chronique du mois de Jumâdâ I 1224 (1809).

Muhammad 'Alî, inquiet des activités du *sayyid* 'Umar Makram, réunit les oulémas d'al-Azhar et se met à blâmer 'Umar Makram, auquel il reproche son entêtement et ses menaces de soulever le peuple : « Vos propos diffamatoires et vos réunions à al-Azhar sont déplacés. Croyez-vous me faire peur en vous réunissant, en excitant les scélérats et en soulevant les sujets, comme au temps des Mamelouks ? Tout cela ne m'effraie pas, et si quelque chose arrive par le fait des sujets, j'y répondrai par le fer et par le feu. — Rien de tel n'arrivera, répondent les shaykhs. Nous n'aimons pas le désordre. En réalité, nous nous sommes réunis pour étudier Bukhârî. »

En fait, les oulémas et le pacha se sont compris à demi-mot : 'Umar Makram était devenu aussi gênant pour lui que pour eux. Le conseil des shaykhs se dispersa sans avoir pu définir une position commune, et les rancœurs et les jalousies accumulées se donnèrent libre cours. Tandis que les oulémas passaient leur temps en conciliabules, Muhammad 'Alî écrivit à 'Umar Makram : il le priait de venir à lui, lui promettait d'agir dans le sens qu'il voulait, et de lui faire servir une pension quotidienne. Mais 'Umar Makram ne bougea pas. Le pacha, toujours inquiet, le fit espionner et fit surveiller les militaires qui lui rendaient visite. Lorsque, enfin, il donna l'ordre de l'exiler,

> une foule de shaykhs l'accompagna en versant des larmes de crocodile sur son départ. Le matin même, le shaykh al-Mahdî se rendit chez Muhammad 'Alî et lui demanda de le nommer aux charges jusque-là tenues par le *sayyid* 'Umar Makram. En récompense de sa trahison, Muhammad 'Alî lui confia la direction des biens de main-morte de l'imâm al-Shâfi'î. Puis les oulémas, sur l'orde du pacha, rédigèrent de leur plus belle plume un rapport, à l'intention des autorités [d'Istanbul], dans lequel ils exposaient le motif de la déchéance et de l'exil du *sayyid* 'Umar, l'accablant de toutes sortes de torts et d'infamies, entre autres d'avoir voulu susciter des troubles dans l'armée pour saper l'autorité du pacha. Seul le *sayyid* Ahmad al-Tahâwî se retira chez lui et se désolidarisa des oulémas d'al-Azhar, qui à leur tour le dénigrèrent et le calomnièrent avec force pour ne pas s'être joint à leur faux témoignage. Les oulémas n'étaient mus que par l'envie, alors que 'Umar Makram était leur protecteur, et le défenseur des gens du pays. Lui parti, jamais les oulémas ne retrouvèrent semblable porte-drapeau, et leur position ne cessa de se dégrader.

Muhammad 'Alî brisa l'autorité des oulémas par un « massacre moral » pire que le massacre des Mamelouks. A la suite de ces événements, il monta en épingle ou exploita d'autres d'affaires à la suite desquelles les shaykhs d'al-Azhar se virent accusés de falsifier la monnaie (« Quand un client le payait en piastres, le commerçant lui disait : — J'espère que ce ne sont pas des piastres d'al-Azhar ! »), de voler (« L'affaire du vol de l'Européenne fit le tour de la ville ; la rumeur montrait du doigt les gens d'al-Azhar et des environs, et on se rappela l'affaire de la fausse monnaie »), voire d'être de mèche avec les proxénètes et les prostituées (« Des hauts personnages civils et militaires jusqu'au petit peuple, on ne parlait que d'al-Azhar et des Azhariens, à qui on attribuait tous les vices : on disait que tous les crimes provenaient d'al-Azhar, qu'après avoir été le phare de la *sharî'a* et des sciences religieuses, c'était devenu un repaire de faux-monnayeurs, de voleurs, et même d'autres choses dissimulées »).

Tout en regrettant que la réputation des religieux soit ainsi délibérément salie, Jabartî ne va pas jusqu'à la dénoncer. Au contraire, il ne dissimule pas leur part de responsabilité :

> Séduits par la vie d'ici-bas, [les religieux] ont renoncé à étudier les sciences religieuses, ont abandonné leur travail à l'Université et se contentent de mémoriser le Coran. Plus rien ne différencie leurs maisons de celles des anciens princes : ils s'entourent d'une cohorte de domestiques et d'assistants, de secrétaires coptes et de coursiers, recourent aux menaces et aux mises en demeure si l'on tarde à satisfaire leurs requêtes, font la sourde oreille aux doléances des paysans, sans parler de leurs querelles traditionnelles, fruit de leurs jalousies réciproques et de la haine inscrite dans leurs tempéraments pervers. Ils ne se réunissent plus que pour parler de choses profanes — les revenus de leurs fiefs, le compte de ce qui revient à l'État et du surplus qui reste pour eux —, multiplient les conciliabules avec les coptes et convient leurs notables à leurs réunions et banquets.

Le gouvernement de Muhammad 'Alî ne faisait place ni à ces oulémas serviles, ni à tous ceux qui, à l'instar de Jabartî et de 'Umar Makram, tenteront de s'opposer à son arbitraire et à son despotisme, puis dénonceront son ouverture effrénée sur l'Occident. Décrivant le jardin du palais de Muhammad 'Alî, Jabartî écrit dans une métaphore limpide : « Il est planté des fleurs les plus étranges et les plus variées, toutes importées d'Europe, qui se sont très bien acclimatées. Mais elles n'ont pour elles que leur belle allure, et ne dégagent aucune senteur. » En revanche, le champ fut ouvert à un genre nouveau de shaykhs — dont le plus célèbre est Rifâ'a al-Tahtâwî — qui, devant tout au pouvoir, étaient toujours prêts à suivre ses volontés et ne manquaient jamais d'attirer l'attention sur les réalisations de la civilisation européenne que l'Orient devait, à leurs yeux, imiter.

On remarquera sans surprise que cette catégorie de religieux, protégée par Muhammad 'Alî et par ses semblables dans d'autres pays islamiques, n'a donné naissance à aucune grande figure intellectuelle qui se soit préoccupée de guider les musulmans issus des écoles de type occidental, de les préparer à adopter une position positive vis-à-vis de leur religion, à faire face aux campagnes organisées et aux attaques contre l'islam de la part des auteurs européens qu'ils lisaient et des missionnaires qui agissaient ouvertement parmi eux. On sait aujourd'hui que même un auteur comme 'Abd al-Rahmân al-Kawâkibî (1849-1902), que les musulmans n'ont cessé de qualifier de progressiste, avait emprunté la plupart de ses idées sur la réforme religieuse contenues dans *Umm al-Qurâ* à *The Future of Islam* de W.S. Blunt, et que son *Tabâ'i' al-istibdâd* est en réalité une traduction fidèle du *Della Tirannide* de Vittorio Alfieri. C'est Kawâkibî qui, le premier. a popularisé l'idée funeste selon laquelle l'allégeance nationale (le panarabisme) devait se substituer à l'allégeance religieuse (le panislamisme). A partir de là, le sentiment d'appartenance des musulmans à une seule communauté n'a cessé de se dégrader.

A la même époque, Jamâl al-Dîn al-Afghânî et Muhammad 'Abduh, les premiers dans le monde musulman, tentaient de trouver un compromis entre la doctrine de l'islam et les exigences de la modernité, qui ne débouche pas sur la soumission pure et simple à l'Occident. Leur réformisme offrait aux religieux musulmans une occasion unique de restaurer leur autorité, contribuer positivement à la renaissance de leurs sociétés, voire reconquérir le respect de l'autorité politique. Mais ils l'ont laissé passer. Tandis que la prédication d'Afghânî et 'Abduh rencontrait un large écho dans le peuple et dans l'élite politique, les oulémas ont cru à tort pouvoir redorer leur blason auprès du pouvoir en combattant la tentative réformiste de « réouvrir la porte de l'*ijtihâd*» fermée depuis près d'un millénaire.

Par cette intransigeance, les religieux ont signé leur perte, et avec eux celle des générations suivantes de musulmans qui, face à l'occidentalisation croissante, ont plus que jamais besoin de leur direction spirituelle. Or, prétendre que l'inspiration religieuse s'est tarie à jamais depuis mille ans revient à dire que Dieu a cessé d'agir, que Sa voix ne se fait plus entendre depuis mille ans ! L'inspiration est nécessairement continue, elle seule nous permet de faire face aux besoins sans cesse renouvelés des hommes. Douter de la pérennité de l'inspiration, c'est, impiété suprême, douter de la Révélation divine !

Pis, cette attitude négative des religieux a conduit une majorité de croyants, en désespoir de cause, à jeter le bébé avec l'eau du bain, c'est-à-dire à renier l'islam tout entier, tandis que la minorité refusait de s'adapter aux exigences du temps. Quant à ceux qui refusent ces deux attitudes, ils se tournent, dans leur quête d'un guide, non vers le *faqîh* — dont ils considèrent qu'il n'est plus là que pour donner son blanc-seing aux décisions, fussent-elles contradictoires, du pouvoir, à flétrir ses opposants, fussent-ils bien intentionnés, à prendre des *fatwâ*-s interdisant un livre, un film ou une pièce de théâtre —, mais plutôt vers des intellectuels qui exercent leur réflexion sur les choses de la religion et qui, en dépit des faiblesses de leur culture religieuse, sont en passe de devenir les véritables oulémas de notre temps.

Lorsqu'il y a quelques décennies, un Haykal écrivait une biographie du Prophète, un Tawfik El-Hakim le mettait en scène dans une pièce, les religieux se déchaînaient, incapables d'admettre que d'autres qu'eux osent aborder des sujets qu'ils considéraient comme relevant de leur compétence exclusive. Il semble bien que ces temps sont révolus, et que nous allons vers un retour à la situation qu'a connue l'islam dans ses premiers siècles, quand les oulémas étaient encore de simples croyants qui, parallèlement à leurs autres activités, exerçaient librement leur réflexion et perfectionnaient leur connaissance de l'islam.

9

A quelles conditions peut-on construire une société islamique ?

S'Il voulait, ô humains, Il vous ferait disparaître et vous remplacerait par d'autres
— Dieu en a le pouvoir...

Coran, IV, 133

Vous tenez votre science d'un mort, qui la tenait d'un mort. Nous tenons la nôtre du Vivant, Celui qui ne meurt pas. Vous dites : « Un tel — un mort ! — m'a dit, sur l'autorité d'Un tel — un autre mort ! » Nous disons : « Mon cœur m'a dit, sur l'autorité de mon Seigneur. »

ABÛ YAYD AL-BISTÂMÎ

La civilisation européenne a connu un développement relativement continu et homogène, exempt de ces soubresauts dans lesquels une génération rompt les attaches qui la relient aux traditions des générations précédentes. Excepté peut-être les cas des révolutions française et russe, le développement politique ou intellectuel et scientifique de l'Europe apparaît comme une suite logique d'événements se complétant les uns les autres, le nouveau se construisant sur les bases posées par l'ancien. Des philosophes grecs à Thomas d'Aquin, puis à Descartes, Kant, Hegel, Husserl et aux existentialistes, chacun lit la production antérieure, y ajoute ou y retranche, la modifie ou la corrige en utilisant à peu près le même langage, de sorte que le lecteur contemporain peut voyager de Platon à Sartre, de Wittgenstein à saint Augustin tout en restant en terrain connu.

Pourtant, bien que les institutions politiques, économiques et sociales de l'Europe soient la résultante d'une adaptation constante, le plus souvent lente et équilibrée, aux besoins et aux conditions propres à cette civilisation, il s'y est toujours trouvé des gens pour refuser la nouveauté, être ou se croire incapables de s'adapter au changement. Pour résoudre ces crises, ils se sont tournés vers le prêtre, le médecin, le psychiatre ou le militantisme politique, tandis que les plus fragiles s'en remettaient aux drogues licites (alcool, tranquillisants...) ou illicites.

Du chameau à l'avion

Si tel est le cas en Europe, qu'en sera-t-il dans des sociétés musulmanes dont on peut dire, en exagérant à peine, qu'elles sont passées sans transition de l'âge du chameau à l'âge de la voiture et de l'avion, tandis que leurs intellectuels abandonnaient brutalement les *Contemplations* d'al-Manfalûtî et les *Séances* d'al-Yâzijî pour se plonger dans Russell ou Gunther Grass, que leurs jeunes filles sortaient de maisons où il était interdit aux femmes d'ouvrir la porte à un inconnu, pour aller au cinéma voir des films ouvertement érotiques ? Rien d'étonnant que l'on sente, chez les fils et les filles de ces sociétés, une tension nerveuse incomparablement plus forte que celle qu'ont expérimentée et expérimentent encore les Occidentaux, une tension qui va jusqu'à la schizophrénie et menace de renverser la charrue tirée par deux chevaux de la métaphore de Toynbee : le cheval de la raison technicienne, dont la vitesse croît à une allure exponentielle, et le cheval de l'affectif et de la tradition, dont la vitesse croît à une allure arithmétique.

Ajoutez à cela, chez tous ceux que Dieu a dotés de quelque sensibilité, un sentiment d'impuissance à suivre le train effréné de la course, à accomplir ce qu'on attend d'eux, à adopter les comportements qu'impose la vie moderne. Nos intellectuels, que l'on pourrait croire mieux armés que d'autres pour affronter ces défis, en sont en fait les premières victimes : contraints de suivre la dernière mode intellectuelle, de se tenir informés des dernières découvertes scientifiques occidentales, ils n'ont plus l'énergie ni le temps d'apporter une contribution originale, de *créer* à partir de toute cette connaissance accumulée. Prenez l'exemple de la question féminine. En Occident, la libération de la femme — liberté sexuelle, droits politiques, indépendance économique — est le résultat d'une histoire et de luttes séculaires. Dans nos sociétés musulmanes, elle n'est pas le fruit d'une pensée originale, enracinée dans notre culture, ou d'un développement économique et politique particulier, mais de deux ou trois livres qui datent du début du siècle, de l'action de quelques dames bourgeoises, et de la volonté de tel ou tel gouvernement de donner des gages de « progressisme » à l'Occident. S'étonnera-t-on que, dans ces conditions, la femme musulmane ne sache plus aujourd'hui sur quel pied danser ?

Question d'habitude, dira-t-on. La nouveauté est toujours difficile à accepter au début. Avec le temps, tout s'arrangera. Comparez ceux pour qui prendre le train du Caire à Alexandrie était une aventure dont Dieu seul connaissait le terme, avec leurs enfants ou petits-enfants qui prennent l'avion l'été pour aller faire des travaux saisonniers en Europe ou ailleurs... Je ne crois pas que ces comparaisons puissent nous mener bien loin. Pour moi, le jeune Arabe qui vend des journaux à Vienne le temps d'un été ou sa sœur en bikini sur la plage ne sont pas plus près de la solution du problème que le marchand de fromages de pays au marché d'un village égyptien. En quoi la voiture à chevaux serait-elle inférieure, sur l'échelle de la civilisation, à nos autobus pleins à craquer, dont le chauffeur s'arrête devant un kiosque à sandwichs pour casser la croûte et boire un thé ?

Nos sociétés offrent à l'observateur un bien étrange aspect, qu'il est bien en peine de qualifier d'oriental ou d'occidental. Tel haut fonctionnaire, le jour parfaitement semblable à des centaines de ses collègues, passe la nuit dans les séances de *dhikr* d'une confrérie soufie. A l'Université, des étudiants barbus, vêtus de longues robes blanches côtoient des étudiantes habillées à la dernière mode parisienne. Tel diplomate, qui a passé le plus clair de sa vie à l'étranger, fait appel à la police pour contraindre sa femme à regagner le domicile conjugal (*bayt al-tâ'a*). Tel, qui se prétend ou se laisse dépeindre « maître à penser », a pour tout bagage philosophique la traduction d'un livre de Will Durant, compilation de conférences écrites pour donner une idée de la philosophie à un public d'ouvriers américains à demi illettrés. Tel autre, qui ne voit pas l'intérêt qu'il y a à lire Jabartî ou Ibn Tufayl, Averroès ou Ghazâlî, lit avidement sur la sous-littérature occidentale et plagie allégrement un roman écrit par Françoise Sagan quand elle n'avait pas vingt ans...

Comment nommer cela ?

Les chances de véritable progrès

Je crois qu'il faut partir de deux constats essentiels.

1) Aucune société ne peut accomplir de progrès véritable autrement que sur la base de son histoire et de sa culture. L'engouement pour des modes de vie importés d'une autre société, sans discernement et dans l'improvisation, mène inéluctablement à une perte de caractère que rien ne peut compenser. Une telle société devient inodore et sans saveur, incapable d'apporter une contribution originale à l'humanité. Faisons le bilan de la production intellectuelle arabe des cent dernières années : on constate que les œuvres qui résistent le mieux à l'usure du temps sont celles qui s'inscrivent dans la continuité de l'héritage arabe, et non la production des auteurs occidentalisés, coupés de cette tradition.

2) Si nous voulons recouvrer équilibre et confiance en nous, nous débarrasser de cette schizophrénie qui s'aggrave au fur et à mesure que se creuse, quoiqu'on en ait, le fossé qui nous sépare de l'Occident, il faut commencer par marquer une pause et reconsidérer le problème dans son ensemble, en mobilisant toutes les énergies susceptibles d'aider, d'une part, à la clarification du lien entre l'héritage et l'avenir et, d'autre part, à faire le tri dans cet héritage entre ce qui doit être mis au musée et ce qui doit être réinvesti pour construire l'avenir. Ici, la prédication (*da'wa*) islamique a un rôle essentiel à jouer.

Car je ne crois pas que les chances de succès d'une prédication qui appelle à la refondation de nos sociétés sur une base purement islamique soient inférieures à celles qu'avait l'islam, au début du VIIe siècle, de se diffuser dans toute la péninsule arabe. Dans les deux cas, le succès tient au même facteur : la capacité à apporter les réponses justes aux défis économiques, sociaux, idéologiques, à définir un dessein clair, ouvert aux apports nouveaux utiles, à mobiliser les énergies autour de lui.

Au VIIe siècle, l'islam a été la porte par laquelle les Arabes sont entrés dans l'histoire : grâce à lui, des tribus jusque-là divisées et hostiles ont pu apporter leur contribution, une contribution authentiquement arabe, à l'humanité. Aujourd'hui, la prédication islamique peut relever, pour et dans notre société, un défi similaire.

A certaines conditions.

1) D'abord, admettre cette vérité d'évidence que notre société islamique fait partie d'un monde qui devient chaque jour davantage « un seul monde », c'est-à-dire un monde qui autorise la pluralité des modèles de société, mais pas l'isolement. Et serions-nous convaincus que l'isolement est préférable, que des États mieux armés que nous ne nous laisseraient pas choisir librement cette option. A nous donc d'établir que les modèles que nous choisirons pour nos sociétés sont compatibles avec ceux élaborés par d'autres cultures pour résoudre les problèmes globaux communs, mieux, qu'ils y contribuent de façon positive.

2) On ne peut construire une société nouvelle sans une gigantesque confiance en soi, qui ne viendra que si nous avons confiance dans les valeurs de l'islam, des traditions orientales, de l'héritage intellectuel arabe, qui valent bien — et parfois plus — celles d'autres cultures. C'est cette confiance, qui existait jusqu'au XVIIIe siècle avant d'être sapée par l'influence occidentale, qui permettait aux Jâhiz, Tawhîdî et autres Ikhwân al-Safâ d'emprunter de manière saine et mûre aux sciences grecques. C'est parce qu'elle fait défaut que l'emprunt a perdu tout critère, tout fil directeur. A nos intellectuels d'apporter, y compris et surtout à ceux dont la foi religieuse et le respect de l'héritage et des traditions ont faibli, les preuves sur lesquels ils se fondent pour justifier leur confiance dans ces valeurs.

3) De même que la religion véritable de l'individu n'est pas celle qui figure dans son acte de naissance, mais celle qui se donne à voir à travers son comportement quotidien, à la maison et en société, de même une société ne devient pas « islamique » parce qu'on aura inscrit dans la constitution que l'islam est la religion de l'État ou adopté quelques lois inspirées de la *sharî'a*, mais quand le souffle de l'islam pénétrera toutes ses institutions, toutes ses pratiques quotidiennes.

4) « Comment construire, demandera-t-on, une société humaine sur la base d'une certaine idée de la volonté divine ? Le développement historique est déterminé par des lois " naturelles " qui n'ont que peu de rapport avec la volonté ou les idéaux de l'homme ; inversement, ces idéaux naissent, grandissent et meurent au fil de ce développement sans exercer une réelle influence sur ces lois. La société islamique ne fait pas exception : son développement historique a été déterminé par une combinatoire de facteurs économiques, politiques et sociaux, bien plus que par les idéaux de l'élite des croyants les plus purs et des oulémas. »

A cela, nous répondrons que, pour nous comme pour les premiers historiens musulmans, les lois du déterminisme historique ne sont que l'expression d'une volonté divine. La science historique est, pour l'agnostique, un moyen de parvenir à la compréhension des déterminismes historiques. Pour le croyant, elle est un moyen d'aller à la découverte de la volonté divine.

On admet généralement que le mot « islam » signifie se soumettre à la volonté de Dieu, c'est-à-dire à la fois s'en remettre à Sa sagesse et en accepter Son décret, et œuvrer à la réalisation de Sa volonté. Il n'y a pas de contradiction entre « accepter Son décet » et « œuvrer à la réalisation de Sa volonté » par la résistance, la révolution ou le *jihâd*. Le croyant conscient doit pouvoir faire la différence entre les tendances historiques constitutives du décret divin, qu'il faut agréer, et celles qui vont contre le cours de l'histoire, font obstacle à sa réalisation, contre lesquelles il convient de résister et de lutter jusqu'à ce que prévale la volonté divine.

La volonté divine, c'est le déterminisme historique

Sur cette base, on peut concevoir que, dans ce qu'on appelle aujourd'hui la mouvance islamiste, coexistent des tendances qui vont contre le déterminisme historique —donc contre la volonté de Dieu, donc contre l'islam —, et des tendances authentiquement « islamistes » en ceci qu'elles contribuent, consciemment ou non, à faire avancer le développement historique vers l'objectif souhaité. Face à chaque développement historique singulier, tous ces mouvements devraient se poser les questions suivantes : est-il inéluctable et universel, alors il faut s'y soumettre, ou allogène, alors il faut y résister et l'extirper ? De quelle volonté divine est-il l'expression ? Quelle est la conception islamique de la soumission à cette volonté ? —

conception qui seule permettra de distinguer notre manière de répondre aux défis actuels de celle des non-musulmans, puisque ces derniers, tout en aboutissant dans leur réflexion à la perception des mêmes lois historiques, peuvent y réagir de manière différente.

Ici, néanmoins, il faut rappeler une vérité essentielle. « Celui qui me donne un poisson pourvoit à mon dîner pour un soir, celui qui m'apprend à pêcher y pourvoit pour le reste de mes jours », dit le proverbe chinois. Cette morale vaut en matière de religion plus encore qu'en tout autre domaine. L'imprégnation de l'esprit de l'islam — et non le respect de quelques lois éparses — devrait être la boussole qui nous guide dans le droit chemin, partout et de tout temps. Je m'explique avec l'exemple qui suit.

Dans la péninsule arabe des VIe-VIIe siècles, la forme dominante de propriété était la propriété mobilière. Le bédouin se déplaçait d'un point d'eau à l'autre en portant avec lui tout ce qu'il possédait. Lui voler son chameau et son chargement, c'était le condamner à une mort certaine. Il fallait donc que la *sharî'a* punisse le vol dans une telle société de manière aussi dissuasive que possible. Mais dès lors que l'islam a pénétré des sociétés connaissant des formes de propriété différentes, ces sociétés peuvent se défendre contre le vol en le sanctionnant autrement que ne l'a fait la société bédouine, sans transgresser en quoi que ce soit l'esprit de l'islam. Au contraire, c'est ce dernier qui exige que nous options pour une autre peine, dès lors que c'est elle qui permet à notre société d'atteindre l'objectif voulu par l'islam pour la société bédouine. On ne peut appliquer le même traitement aux deux sociétés sans que cela n'induise des effets pervers. Comme dit le poète :

> Fais honneur à l'homme de bien, il te sera acquis
> Fais honneur à l'homme vil, il se retournera contre toi.

Il en va de même pour la prohibition de l'image, posée pour une société qui venait tout juste d'abandonner les cultes païens, ou du port du voile, imposé pour protéger les femmes de Médine des bandes de jeunes oisifs qui les importunaient lorsqu'elles sortaient seules :

> Prophète, dis à tes épouses, à tes filles, aux femmes des croyants de revêtir leurs mantes : sûr moyen d'être reconnues et d'échapper à toute offense (XXXIII, 59),

c'est-à-dire afin que les jeunes gens puissent reconnaître les femmes mariées des autres[1].

Cette opinion est confortée par les éléments suivants.

1) Lorsque, à la suite de l'Hégire, de la diffusion de l'islam, et d'autres évolutions intervenues en moins d'un quart de siècle, la situation des musulmans a changé, certains commandements coraniques ont été abrogés par des commandements postérieurs[2].

2) Lorsqu'on dit que l'esprit de l'islam doit être notre guide, on ne laisse pas de place à l'accusation d'incompatibilité de l'islam avec les développements survenus depuis le VIIe siècle. Et les politiques et les oulémas n'ont plus besoin d'hypocrisie, de circonvolutions savantes, ou de silences gênés pour reconnaître, par exemple, l'abolition de l'esclavage (qui était autorisé par l'islam), ou remplacer par une peine de détention l'amputation de la main du voleur prévue par la *sharî'a*.

3) Cette démarche devrait contribuer à ramener vers la religion ceux qui se sont détournés de l'islam sous prétexte que les religions et les traditions sont bonnes pour le musée et les touristes, non pour affronter les problèmes de notre temps. Elle

---

1. Cf. AL-WÂHIDÎ, *Asbâb al-nuzûl* (« Les circonstances de la Révélation »). Dans les *Aghanî*, plusieurs occurrences indiquent clairement que le voile était connu dans la société arabe sédentarisée d'avant l'islam, mais non chez les bédouins. Le voile était la règle chez les Qurayshites. L'historien al-Fâkihî explique que les hommes de Quraysh, au moment du *tawâf* (la procession annuelle autour de la Ka'ba) faisaient sortir leurs jeunes filles et leurs esclaves visage et jambes découverts, pour attirer d'éventuels maris ou acquéreurs. Une fois « casées », elles reprenaient le voile. Le Coran y fait allusion dans XXXIII, 33 : « Gardez-vous dans vos maisons, abstenez-vous des exhibitions du premier paganisme [...]. »

Les exégètes divergent sur le point de savoir si les versets sur le voile concernent les seules femmes du Prophète ou toutes les musulmanes (*cf.* XXXIII, 32-34 et 53-55), et sur le sens à donner au mot *zîna* dans XXIV, 31 : « de ne pas faire montre de leurs agréments [*zînatahunna*] ». Pour les uns, il englobe tout le corps, moins le visage, les mains et, selon certains seulement, le dessus des pieds. Pour d'autres, c'est tout le corps sauf un œil, tandis que d'autres encore expliquent que c'est seulement le visage qui est concerné.

Sakîna bint al-Hussein, la petite-fille de 'Alî, ou 'A'isha bint Talha ibn 'Ubayd Allâh ne portaient pas de voile, sans que personne n'ait mis en cause leur foi. Et les femmes ont eu, jusqu'au IIIe/IXe siècle au moins, le droit de prier à la mosquée avec les hommes. Mais les premiers exégètes ont souvent exigé de la femme bien plus que le Coran. Est-ce parce qu'ils étaient souvent iraniens, et que la femme iranienne était voilée dès longtemps avant l'islam ? Dans *Hawâdith al-duhûr*, Ibn Taghrî Bardî attribue aux exégètes iraniens l'institution du harem dans l'islam. On a ainsi imposé à toutes les croyantes ce que le Coran avait imposé aux seules femmes et filles du Prophète, par désir de suivre sa tradition (*sunna*).

2. « Nous n'abrogeons un verset, ni ne le faisons passer à l'oubli, sans en apporter de meilleur ou d'analogue [...] » (II, 106).

devrait les convaincre plus aisément que religion et tradition sont non pas un obstacle, mais un instrument indispensable sur le chemin du progrès.

La véracité historique

Ici, notre premier devoir est un devoir de véracité historique. Ce courage exemplaire, dont font preuve les croyants prêts à sacrifier leur vie pour leur foi, doit aussi se traduire par une confrontation franche avec l'histoire, si amère soit-elle, hors du romantisme qui caractérise et déforme trop souvent les visions musulmanes de l'histoire. La foi peut déplacer des montagnes, mais seule la connaissance permet de les déplacer au bon endroit !

L'islam a montré aux premiers musulmans, et de quelle manière, comment répondre aux défis de leur temps. Celui de nos modernes oulémas qui saura nous montrer comment, à la lumière de l'esprit de l'islam, répondre aux défis de notre temps sera le meilleur des musulmans de ce temps, et nous lui vouerons une reconnaissance éternelle. Quant à se consoler, comme a pu le faire Iqbal en son temps, avec l'espoir que les Occidentaux se détruiront eux-mêmes dans une guerre mondiale, c'est une ruse de vaincu qu'aucun musulman qui se respecte et respecte sa religion ne saurait accepter.

Si l'on me demande : « Pourquoi l'islam ? », je dirai : parce que c'est la religion à l'ombre de laquelle les individus de notre société peuvent se donner une morale et être créatifs. A nous donc de trouver des solutions islamiques différentes des solutions occidentales à nos problèmes sociaux et politiques. On a vu comment ceux parmi nous qui ont cru l'Occident qui leur disait : « Suivez-moi, et vos problèmes seront résolus » ont finalement découvert qu'il n'avait jamais été sincère dans cette prétention, et qu'au contraire l'imitation n'avait fait qu'aggraver leurs problèmes.

Sachons bien aussi que ces problèmes ne se résoudront pas par la fuite ou par la politique de l'autruche. Ou alors, la prédication islamique se condamnerait à la même destinée que celle de Savonarole à Florence. L'islam doit, aujourd'hui comme au temps de sa naissance, s'orienter vers la solution des problèmes contemporains. Nous avons le plus grand besoin que nos intellectuels tracent clairement les repères de la route nouvelle. Encore ne profitera-t-on pleinement de leur vision que dans un climat de liberté d'opinion et d'honnêteté intellectuelle, sans terrorisme ni anathème. A réduire au silence les voix libres et audacieuses pour agréer à la demande d'une minorité, on se condamnerait à la stagnation, à maintenir notre société dans un état qui ne satisfait ni ses amis ni ses ennemis.

Table

Transcodage Champ Vallon,
Achevé d'imprimer en avril 1992
sur les presses de la SEPC, Saint-Amand (Cher)
Dépôt légal : avril 1992
Numéro d'imprimeur : 900
Premier tirage : 3 000 exemplaires
ISBN 2-7071-2139-8